김금수 강의록
간부활동론

김금수 강의록
간부활동론

제1판 1994년 4월 1일
제2판 2000년 4월 1일
제3판 2004년 4월 1일
제4판 2024년 11월 1일

엮은이 한국노동사회연구소
주소 (03028) 서울시 종로구 인왕산로1길 25 (한국사회과학자료원) 5층
전화 (02) 393-1457 팩스 (02) 393-4449
홈페이지 www.klsi.org

편집 화소

값 16,000원
ISBN 978-89-90497-39-0 03330

김금수 강의록
간부활동론

" 노조간부 필독서, 노동운동 길잡이

이 책을 통해 노조간부들이 일상 활동에서 부딪히는 문제와
도전에 대한 해법과 방향을 찾을 수 있을 것이라 확신합니다

한국노동사회연구소

"노동조합은 개인적인 사소한 문제에서부터
전체 노동자의 문제를 같이 끌어안고,
함께 해결해 줄 수 있는 마음 푸근한 터전이 되어야 합니다.
그래야만 조합원들이 노동조합에 부담을 갖지 않고
항상 격의 없이 찾아올 수 있습니다.
노동조합이 푸근하고 매력이 있으려면,
전투적인 활동도 중요하지만,
역시 바탕은 간부들의 인간적인 매력입니다.
인간적인 매력은 간부로서의 자질을 향상하는 데도
가장 기초가 되는 것입니다."

제4판을 내면서

『간부활동론』은 김금수 선생이 1980년대 중반부터 2000년대 초반까지 노조간부들을 상대로 진행한 강의 내용을 모은 책입니다. 1994년 제1판, 2000년 제2판, 2004년 제3판이 나왔습니다. 그리고 2024년 올해 제4판을 내게 되었습니다.

제1판이 나오고 제4판이 나오기까지 강산이 세 번이나 변했습니다. 1997년 겨울 국제통화기금(IMF) 외환위기 이후 우리 사회는 신자유주의 소용돌이에 휩싸였습니다. 평화적 정권교체로 김대중-노무현 정권이 등장했습니다. 두 정권의 성격을 김금수 선생은 "보수적 자유주의"로 보았습니다. 극우 성향을 지닌 이명박-박근혜 정권을 무너뜨린 2016년 겨울 "촛불항쟁" 이후 지금까지의 상황은 우리가 목도한 바대로입니다.

이 시기에 노동조합운동도 많은 변화를 겪었습니다. 1995년 11월 민주노총이 출범했고, 1996년 겨울에는 민주노총이 주도하고 한국노총이 동참한 총파업이 일어났습니다. 1998년 2월 전국보건의료노조가 출범하면서 산별노조 운동이 활발해졌습니다. 2000년 1월 노동자 정치세력화의 깃발 아래 민주노동당이 창당되어 2004년 4월 총선에서 의원 10명을 배출하기도 했습니다.

김금수 선생의 첫 노동교육은 1973년 고려대학교 노동문제연구소에서 이뤄졌습니다. 주제는 '여성과 교양'이었습니다. "교양 있는 여성은 어떤 사람이냐. 자기 권리를 아는 게 교양이다." 1976년 12월 한국노총에 들어간 김금수 선생은 '공장새마을운동교육'에 참가한 노조간부들을 상대로 노동운동사와 노조 조직운영 등을 강의했고, 지역을 순회하며 단위노조 대의원들 중에서 간부를 발굴하는데 주력했습니다.

구로동맹파업이 일어난 직후인 1985년 8월 한국노총은 '재정난'을 이유로 김금수 선생을 비롯해 여섯 명을 해고했습니다. 이 기회를 이용하여 김금수 선생은 1986년 4월 동지들과 함께 "노동조합운동의 교사"와 "노동운동의 길잡이"를 임무로 하는 한국노동교육협회를 만들었습니다. 이듬해 1987년 노동자 대투쟁이 폭발하면서 전국 각지에서 노동교육 요청이 폭증했습니다.

이 시기를 김금수 선생은 "대중조직을 만만하게 보고 한낱 동원의 대상으로 여긴다면, 노동의 미래는 기약할 수 없다. 이러한 역편향을 시정하기 위해서 노동운동의 운영원리를 이해시키고, 노동조합 실무역량을 육성하는 게 시급했다"고 회고했습니다.

1987년 노동자 대투쟁의 조직적 성과는 1988년 12월 '지역·업종별전국노동조합회의'에 이어, 1989년 5월 '전국업종노동조합회의'(업종회의)와 1990년 1월 '전국노동조합협의회'(전노협) 결성으로 이어졌습니다. 1991년 10월에는 'ILO기본조약 비준과 노동법 개정을 위한 전국노동자공동대책위원회'(ILO공대위)가 구성되어 노동운동 탄압에 공동전선을 쳤습니다.

1993년 6월 전노협, 업종회의, 현대그룹노동조합총연합(현총련), 대우그룹노동조합협의회(대노협) 네 개 조직이 민주노조 단일대오 구축의 대원칙에 합의하고, '전국노동조합대표자회의'(전노대)를 결성했습니다. 이러한 흐름들이 한데 모여 1994년 11월 '민주노총준비위'를 거쳐 1995년 11월 서울 연세대에서 민주노총이 역사적인 창립대회를 가졌습니다. 이 모든 과정에 김금수 선생은 함께 했습니다.

한국노동교육협회가 1995년 4월 한국노동사회연구소로 확대 재편되었습니다. 김금수 선생은 소장과 이사장으로 활동했습니다. 2003년 봄 노무현 정부의 노사정위원회 위원장을 맡을 때까지 전국 각지에서 쇄도하는 노동교육 초청을 마다하지 않았습니다.

이러한 인생 역정의 산물이 『간부활동론』으로 모아졌다고 할 수 있습니다. 물론 그 내용은 교육에 참가한 수많은 노동자들과 함께 만들어낸 집단적 창작물이라는 점도 잊어서는 안 될 것입니다.

제1판이 나올 때까지도 공장이 남아 있던 구로공단은 이제 디지털단지로 완전히 바뀌었습니다. '중진국'이던 한국은 '선진국'이 되었습니다. 당시는 인구증가를 걱정했는데, 지금은 인구감소를 걱정하고 있습니다. 이 책에 나오는 회사들은 이제 존재하지 않습니다. 대우그룹이 대표적입니다. 산업구조가 크게 바뀌면서 '일의 세계'에 많은 변화가 있어났습니다

하지만 "노동과 자본의 대립과 통일"이라는 자본주의

적 노동문제의 본질은 크게 바뀌지 않았습니다. 지난 삼십년 동안 재벌로 대표되는 독점자본의 지배력은 더욱 커졌습니다. 부의 불평등과 양극화는 점점 악화되었습니다. 미국에 대한 정치적 종속이 심화되면서 '한미 군사동맹'을 넘어 '한미일 군사동맹'으로 치닫고 있습니다. 그 결과 민족모순은 휴전 이래 최악의 상황으로 치닫고 있습니다. 무엇보다도 노동과 자본의 계급모순에 더해 노동시장 상층과 하층으로 나뉘는 노동 내부의 분열과 갈등이 심각한 수준에 이르렀습니다.

김금수 선생은 영국의 역사학자 E. H. 카가 말한 "역사는 과거와 현재의 대화"라는 테제에 깊이 공감했습니다. 우리식으로 말하면 "옛것을 돌아보아 새것을 안다"는 온고이지신溫故而知新입니다. 이런 점에서 제4판을 맞이하는 『간부활동론』의 내용은 제1판과 달라진 게 없지만, 이 책을 통해 노조간부들이 일상 활동에서 부딪히는 문제와 도전에 대한 해법과 방향을 찾을 수 있을 것이라 확신합니다.

노동조합운동이 드라마틱한 변화를 겪던 1980년대 중반부터 2000년대 초반까지 김금수 선생은 경향각지의 수천수만 노동자들을 만났습니다. 그 '집단지성'의 산물인 『간부활동론』이 시대를 넘어 현 시기 노조간부들이 나아갈 침로를 밝혀주는 나침반이 되길 바랍니다.

2024년 가을

윤효원 한국노동사회연구소 감사

『간부활동론』을 내면서

많은 노동조합 간부를 대하면서, 그들이 불쑥 던지는 질문에 당혹감을 느낀 적이 한두 번이 아니었습니다. 한두 마디에 핵심을 담아 대답하기가 막막하기 때문입니다. 이를테면 "훌륭한 조합 간부가 되려면 어떻게 해야 합니까"라는 물음이 그런 경우입니다.

난감한 처지에서 할 수 있는 얘기는 대략 이런 것이었습니다. "노동자 대중을 떠받들어 그들로부터 배우려는 자세를 견지하는 것이 무엇보다 중요합니다." 풀어서 말한다면, 이것은 대중을 무한히 신뢰하고 존중하며, 대중이 지닌 큰 힘을 확신하지 않으면 안 된다는 내용을 포함하고 있습니다. 겸손만을 강조한 것은 아니었습니다. 노동자의 자세와 의식, 그리고 계급적 입장이 중요하다는 사실을 말하고자 한 것입니다.

우리는 주위에서 훌륭한 소양을 지닌 많은 노조 간부들을 만나게 됩니다. 이들 대부분이 1987년 노동자 대투쟁 이후 배출된 사람들입니다. 이들이야말로 우리의 노동운동을 끌고 나갈 일꾼들입니다. 이들 모범적인 간부는 매우 인간적인 면모를 지니고 있음을 확인하게 됩니다. 노동자들을 억누르고 멸시하고 비굴하게 만드는 비인간적인 것에 대해 분노하고 앞장서 싸울 수 있는 사람들입니다. 그러면서 인간의 존엄성과 자주성, 그리고 창의성을 존중합니다.

또한 유능한 간부는 현실을 정확히 파악하려 노력함과 동시에 현실의 모순을 개조하기 위해 투쟁하고 있습니다. 현실 개조도 점진적이고 개량적인 방법으로가 아니라 변혁적인 경로를 통해 이루어져야 한다고 인식하는 사람이 많습니다.

그런가 하면 열성적인 간부들은 노동운동을 둘러싼 상황이 어려워지면서 더욱 원칙을 중시하게 되었습니다. 그 원칙이 지난날의 경험과 대중적 토의와 결합됨으로써 창의적 실천으로 이어져야 할 것임은 물론입니다.

이런 소양을 지닌 노조 간부들이 진정으로 노동자다운 자세를 확고히 할 수만 있다면, 이들의 지도력은 강력해질 수 있을 것입니다. 간부들이 갖추어야 할 노동자다운 자세와 의식, 그리고 계급적 자각은 끊임없는 실천과 투쟁 속에서 다듬어지고 단련되고 강화될 수밖에 없을 것입니다.

노동운동 발전에서 간부들이 걸머진 책임과 임무가 실로 막중하다는 사실은 더 말할 필요가 없습니다. 이런 무거운 책무를 제대로 수행하기 위해서는 많은 노력이 필요할 것입니다.

우선 대중성을 몸에 익히는 일이 매우 중요하다고 생각됩니다. '대중 속에서 대중 속으로'라는 대중노선을 실천 속에서 구체화하기 위해서라도 조합 간부들은 반드시 대중성을 몸에 익혀야 할 것입니다.

다음으로 직장의 일로 동료에게 폐를 끼치지 않는 성실성과 모범을 보이는 것이 중요하다는 사실은 간부 스스로가 강조하고 있습니다.

그리고 간부들이 특히 경계해야 할 일은 파벌주의일 것입니다. 노동조합은 대중조직이기 때문에 갖가지 분열의 소지를 안고 있습니다. 이런 분열을 극복하기란 여간 어려운 일이 아닙니다. 더욱이 간부들이 주관주의, 개인주의, 관료주의, 영웅주의에 빠져 있으면 조직 내 분열은 걷잡을 수 없는 지경에까지 치닫게 됩니다. 여기서 파벌주의가 생겨나게 되는 것입니다.

파벌주의의 극복을 위해서는 조직 내에서 민주적 토론이 활발하게 이루어지고 상호비판이 일상화되어, 간부들 사이에 원칙들이 공유될 수 있어야만 할 것입니다. 이것은 노조 지도부가 사업과 투쟁을 잘못된 방향으로 이끌지 않게 하는 방도도 될 수 있습니다.

조합 간부들의 이런 중요한 역할들은 대중과 더불어 실천하고 투쟁하고, 학습하는 과정에서 더 한층 풍부하게 실현될 수 있을 것입니다. 간부들의 이런 역할은 노동운동 발전을 위한 실질적인 추진력이 될 수 있습니다.

노조 간부들은 활동과 투쟁을 추진하는 과정에서 여러 가지 시련과 맞닥뜨리게 됩니다. 자본 쪽의 부당노동행위, 장기적인 파업, 고용 불안, 조직 내의 극심한 분열 등이 그런 경우입니다. 이럴 때 조합 간부들이 동요하거나 좌절감에 빠지게 되면, 남는 것은 치욕스런 패배밖에 없을 것입니다.

그 때문에 조합 간부들은 언제나 낙관주의를 견지해야

하고 노동운동의 미래에 대한 확신을 가다듬는 것이 중요합니다. 헌신적으로 노력하는 조합 간부들의 밝은 표정에서 우리는 노동운동의 미래를 내다보게 됩니다.

현재 우리 노동운동의 상황은 매우 어려운 편입니다. 노동운동을 둘러싼 정세는 매우 급격하게 변화하고 있고, 노동운동에 대한 자본과 권력의 지배와 통제는 형태 변화를 거듭하면서 갈수록 강화되고 있는가 하면, 노동운동이 해결해야 할 과제들은 중첩되고 있습니다.

이런 가운데 조합 간부들 중에는 타성에 빠져들기도 하고 원칙을 경시하기도 하며, 노동운동의 미래에 대한 확신을 갖지 못하는 사람들도 상당수에 이르고 있는 것이 현실입니다. 이럴 때일수록 노조 간부들은 스스로 경각심을 높이면서 맡겨진 중대한 책무를 제대로 수행하기 위해 매진해야 하겠습니다.

이 책은 노조 간부들이 노동운동의 힘찬 전진을 위해 고난을 헤치고 어려움을 극복해 가는데 조그마한 도움이라도 되었으면 하는 바람에서 쓰여진 것입니다. 책의 줄기는 간부교실에서 행한 강의를 글로 풀어쓴 것이기 때문에 체계가 잘 정리되어 있지 못하고 문맥도 매우 거친 편입니다.

아무쪼록 이 책이 오늘도 노동운동의 발전을 위해 헌신적으로 노력하고 계시는 노조 간부들에게 하나의 길잡이가 되길 바라는 마음 간절합니다.

동야(東野) 김금수

이 책의 활용법

혼자 학습할 경우에는 이렇게 하십시오
- 본문을 읽기 전에 각 장마다 제시된 [미리 생각해 보기] 양식에 따라 자신의 생각을 학습노트에 정리해 봅니다. 정답을 찾는 데 집착하지 말고, 본문의 내용에 대해 미리 생각해 본다는 데에 초점을 두어야 합니다.
- 본문을 읽고 난 후 처음에 정리하였던 [미리 생각해 보기] 항목을 다시 한 번 정리해 봅니다. 처음에 스스로 정리했던 내용에 비해서 조금은 발전한 것을 느낄 수 있을 것입니다.

학습소모임에서 학습할 경우에는 이렇게 하십시오
- 『간부활동론』 학습은 모두 4장으로 이루어져 있습니다. 한번에 1장씩 4회 정도로 학습소모임을 운영하는 것이 좋겠습니다.
- 학습소모임을 운영할 때는 소모임 대표와 발제자, 서기가 있어야 합니다. 소모임 대표는 매회 모임의 사회를 봅니다.
- 발제자는 한 사람이 고정적으로 맡기보다는 소모임 구성원들이 돌아가면서 맡는 것이 좋습니다.

- 서기는 발제자의 발표문, 토론 주제, 토론된 내용을 반드시 기록해서 참가자들이 다른 학습소모임의 운영자가 될 경우에 자료로 활용할 수 있도록 하면 좋을 것입니다.
- 그런데 학습소모임도 개인 학습이 전제되지 않으면 효과적이지 못합니다. 따라서 성원들이 꼭 책자를 읽고 모임에 참석하는 것을 원칙으로 해야 학습 효과를 높일 수 있습니다.
- 따라서 발제자는 본문의 내용을 요약하는 것이 아니라, 본문을 읽으면서 본인이 느꼈던 생각을 잘 정리하고, 함께 생각해 볼 문제를 발표하는 것이 효과적입니다.
- 발제가 끝나면 함께 토론하고 싶은 주제를 결정하고, 돌아가면서 의견을 발표하는 토론을 합니다. 이 때 [미리 생각해 보기] 항목을 정리한 것을 함께 검토해 보는 것도 좋을 것입니다.
- 이 책에 제시된 [함께 생각해 봅시다]는 토론을 좀더 풍부하게 할 수 있도록 참고로 제시한 것입니다. 각 항목마다 대략 30분 정도의 시간을 할애해야 합니다. 따라서 이 책에서 [함께 생각해 봅시다]에 제시된 토론 주제를 활용하려면 토론 시간을 염두에 두고 한두 개의 항목만 선택해서 활용하도록 하십시오.

차례

제4판을 내면서	6
『간부활동론』을 내면서	12
이 책의 활용법	18

제 1 장 매력적인 간부가 되자

1. 조합원과 함께 하라	28
2. 직장의 배우가 되라	36
3. 조직 운영의 원칙에 따른 활동을 하라	44
4. 파벌주의를 극복하라	53
5. 결단력을 갖추어라	62
6. 대중 속에서 대중 속으로	68

제 2 장 시련을 이겨내는 간부가 되자

1. 신념과 확신 그리고 투쟁	83
2. 어려운 고비를 넘기 위해	86
3. 조합 내부의 분열을 통일시키는 능력	91
4. 장기 파업을 승리로 이끄는 능력	103
5. 부당 해고와 배치전환을 이겨내는 능력	107
6. 노동조합의 민주화를 위해 끊임없이 노력하는 간부	114
7. 조합 활동가로서 갖추어야 할 조건	124

제 3 장 간부의 훈련과 양성

1. 노동조합은 노동자의 학교 143
2. 목적의식적인 활동을 통한 간부의 양성 148
3. 개별 지도를 통한 간부의 양성 164
4. 체계적인 교육을 통한 활동가 양성 174

제 4 장 노동조합 간부의 자세

1. 인간을 중심으로 생각하자 190
2. 현실을 바로 보자 193
3. 세상은 변한다는 인식을 갖자 199
4. 창의적으로 생각하고 행동하자 207
5. 민주적인 태도를 갖자 210
6. 비판을 두려워 말자 213
7. 노동 대중에게 헌신하는 자세를 갖자 215
8. 노동자의 도덕성을 갖추자 217

요구의 합리적인 집약과 해결,
조합원 전체가 참여하는 조합 활동, 현장 중심의 활동,
전체 노동운동의 통일과 연대, 민주적인 운영,
이것이 노동운동의 가장 기본이 되는 원칙입니다.
이것을 누가 합니까?
사람이 하는 것이고, 사람 중에서도
간부들이 해야 하는 것입니다.

제1장 매력적인 간부가 되자

1. 조합원과 함께 하라
2. 직장의 배우가 되라
3. 조직 운영의 원칙에 따른 활동을 하라
4. 파벌주의를 극복하라
5. 결단력을 갖추어라
6. 대중 속에서 대중 속으로

미리 생각해 보기

▷ 대중노선을 한마디로 요약해 봅시다.

▷ 조합원이 믿고 따를 수 있는 간부는 어떤 사람일까요?

▷ 민주노조와 어용노조를 구분하는 기준이 있다면,
그것은 무엇이라고 할 수 있는지 두 가지만 들어봅시다.

▷ 파벌을 극복하기 위한 방법을 두 가지만 제시해 봅시다.

얼마 전 집행부가 새로 바뀐 한 노동조합의 상집 간부 수련회에서 교육을 해 달라는 요청을 받은 적이 있었습니다. 교육이 끝난 후 위원장이 "집행부가 바뀌고 난 후 조합원들이 투쟁에 대해 많은 기대를 하고 있습니다. 이러한 기대에 부응하기 위해서는 투쟁을 열심히 해야 하는데, 힘이 없는 상태에서 계속 투쟁만 하게 되면 노조가 깨지게 될 우려가 있습니다. 이럴 때는 어떻게 활동을 해야 합니까"라는 질문을 하였습니다. 아마도 새로 개편된 노동조합의 경우 이러한 고민이 많을 것입니다.

흔히 조합원들은 투쟁적인 집행부를 아주 좋아한다고 생각합니다. 그러나 꼭 그렇지만은 않습니다. 우리 노동자들은 삶 자체가 아주 각박합니다. 조합원들은 일터에서 상급자나 동료들과 크고 작은 사건과 문제에 부닥칩니다. 가정에서도 자식으로서, 부부로서, 부모로서 크고 작은 고민거리를 안고 살아갑니다. 노동조합 활동을 추진하는 데에도 조합원들은 회사의 눈치를 보는 것이 현실입니다. 또한 끊임없이 회사측의 분열공작이 들어옵니다. 뿐만 아니라 집행부를 이끌어 가는 사람들에게는 평탄한 조건하에서도 짐이 굉장히 무겁습니다.

이런 상황에서 항상 투쟁만을 강조하다 보면 조합원들

이 처음에는 잘 따라오지만 그것이 반복되면 될수록 싫증을 내게 되고, 나중에는 투쟁을 기피하게 되기도 합니다. 따라서 요구의 획득도 어려워집니다.

물론 투쟁을 해야 할 때는 과감히 투쟁해야 합니다. 임금인상투쟁 때나 단체협약 갱신투쟁 때에는 어떤 형태로든 투쟁을 벌여야 합니다. 그 뿐만 아니라 일상투쟁도 꾸준히 전개해야 합니다. 그런데 이런 투쟁을 뒷받침하기 위해서는 조직 역량이 지속적으로 축적돼야 할 것입니다.

조직 역량과 투쟁 역량을 축적하기 위해서라도 노동조합은 우선 푸근하고 매력이 있어야 합니다. 노동조합은 개인적인 사소한 문제에서부터 전체 노동자의 문제를 같이 끌어안고, 함께 해결해 줄 수 있는 마음 푸근한 터전이 되어야 합니다. 그래야만 조합원들이 노동조합에 부담을 갖지 않고 항상 격의 없이 찾아올 수 있습니다.

노동조합이 푸근하고 매력이 있으려면, 전투적인 활동도 중요하지만, 역시 바탕은 간부들의 인간적인 매력입니다. 노동조합 활동을 열심히 하는 간부들을 보면 공통점을 발견할 수가 있습니다. 제가 만난 유능한 여성 간부들의 공통점은 성격이 밝고 정이 많다는 것입니다. 시골에서 일을 하다가 손이 베었을 경우 치마라도 찢어서 상처를 동여매 줄 수 있는 그런 사람들이라고나 할까요. 그리고 남성 간부들의 공통점은 좀 어수룩한 효자형입니다. 어떻게 보면 미남이고 잘난 것 같지만, 어떻게 보면 좀 어수룩하고 보수적인 것 같기도 합니다. 이런 점이 인간적인 매력이라고 생각합니다. 그리고 이러한 인간적인 매력은 간부로서의 자질을 향상하는 데도 가장 기초가 되는 것입니다.

2003년 노동자대회 전야제 공연모습. 〈보건의료노조〉

1. 조합원과 함께 하라

 매력 있는 간부라면 항상 조합원과 함께 할 수 있어야 합니다. 이것을 한마디로 대중성이라고 합니다. 대중성을 갖는다는 것은 결코 쉬운 일이 아닙니다. 공부한다고 되는 것도 아니고 수양한다고 되는 것도 아닙니다. 구체적인 활동이 따라야 합니다.

요구는 단결의 기초이며 투쟁의 원동력

 우선 조합원들은 이론만 파고드는 학자도 아니고, 성인 군자도 아닙니다. 감정을 가진 살아 있는 존재입니다. 개인마다 서로 다른 기분과 감정과 불만과 욕구를 지니고 있습니다. 모든 운동은 이러한 대중들의 다양한 기분·감정·불만·욕구를 그 바탕으로 하고 있습니다. 그렇기 때문에 대중들의 기분·감정·불만·욕구를 얼마나 잘 파악하고, 어떻게 묶어 내느냐가 중요한 것입니다.

조합원 개개인의 기분·감정·불만·욕구를 모으다 보면 공통적인 것이 나옵니다. 그런 것을 우리는 요구라고 합니다. 그래서 노동운동에서는 요구야말로 단결의 기초이고 투쟁의 원동력이라 보고, 요구를 무엇보다 중요시하는 것입니다. 우리는 그처럼 다양한 요구를 한꺼번에 해결할 수 없기 때문에 갑갑해 하기도 합니다. 이런 요구의 해결은 단결된 힘이 뒷받침되어야 가능합니다. 요구가 결집되어야 단결이 이루어지게 되는 것이고 투쟁의 원동력으로 작용하게 되는 것입니다.

그런데 요구를 고정적으로 보아서는 안 됩니다. 요구는 끊임없이 변화·발전합니다. 1987년에 나왔던 요구와 현재 제기되는 요구는 다를 수 있습니다. 어떻게 보면 그것은 발전입니다. 요구는 넓어지기도 하고 높아지기도 합니다. 그렇기 때문에 노조 결성 이전과 이후, 파업 이전과 이후는 요구도 달라지고 조합원의 의식도 달라집니다. 또한 요구는 활발하게 제기되었다가 경우에 따라서는 후퇴하기도 합니다. 요구가 높아졌을 때는 조합원들의 노조에 대한 참여가 높아집니다. 그런데 요구는 특히 임투가 끝난 후에는 일시적으로 후퇴할 수도 있습니다. 그래서 조합에 대한 관심과 참여가 낮아지기도 하는데, 이런 현상에 대해 간부들은 불만을 표시하기도 합니다.

"임금 몇 푼 올랐다고 조합원들이 이기적이 되어, 노조에 등을 돌리고 조합에 잘 오지 않는다"고 원망을 하기도 합니다. 그렇지만 요구는 상황에 따라 후퇴할 수도 있기 때문에 조합원들이 언제나 동일하게 노조에 대해 신뢰하고 적극적으로 참여하는 것만은 아닙니다. 특히, 조합원의 요구가 후퇴할 때 요구를 어떻게 높여 내고 활발하게 제기할 수 있도록 하는가가 간부들이 해야 할 중요한 과제인 것입니다.

요구를 모으기 위해 조합 간부들은 어떻게 해야 하겠습니까? 우선 조합원들과 가까워져야 합니다. 그리고 조합원의 불만과 요구를 파악할 수 있는 방법에 대해 토론하여 조직적인 방침을 마련하고, 그것을 실천해야 합니다. 그런데 흔히 "술을 안 마시니까 조합원하고 잘 친해지지 않더라, 고스톱 판이 싫은데 같이 어울리지 않으면 가까워지지 않더라. 어떻게 해야 하는가"라는 고민을 털

2003년 노동자대회. 민주노총 〈금속연맹〉

어놓기도 합니다.

요즘 많은 노조에서 낚시, 등산, 볼링 등의 취미 서클 활동이 활발하게 진행되고 있습니다. 그만큼 조합원이 다양한 것을 요구하고 있다는 것입니다. 이러한 취미 서클 활동에 대해 회사에서 지원하는 경우도 많이 있습니다. 회사에서는 이러한 종업원들의 다양한 욕구를 충족시켜 주면서 기업 문화를 은연중에 강화하려는 의도를 드러내 보입니다.

그런데 노동조합의 경우는 어떻습니까? 간부들이 평소에 조합원과 함께 하려면 이러한 다양한 서클을 적극적으로 조직하고 참여해야 합니다. 그런데 어떤 노동조합은 위원장이 볼링 서클에 들어간 것을 비난하는 경우가 있습니다. 일반 조합원이 볼링을 하는 것은 괜찮은데 위원장이 볼링을 하는 것은 안 된다는 것입니다. 반면 등산반에 소속된 적극적인 대의원은 "등산반도 한 번 와야 한다"고 얘기합니다. "등산 갔다 내려와서 대폿집에 가면 조합에 대한 관심, 요구나 불만이 많이 나온다. 이런 것을 놓치지 말아야 한다"는 것입니다.

어떤 형태로든지 조합원과 함께 하는 통로가 있어야 합니다. 그런데 이것은 결코 위원장 혼자서 해결할 수는 없습니다. 간부들 모두가 한두 개 이상의 서클 활동을 통해 조합원과 함께 할 수 있는 통로를 만드는 것도 필요합니다.

조합원과
거리를 두지 않아야

그런데 조합원들과 어울리는 것도 어느 정도껏 해야 합니다. 예를 들어 "나도 고스톱을 조금은 쳐야 간부로서 체면이 서고, 조합원들과 어울릴 수 있다"고 생각하고 막상 고스톱 판에 들어가서는 돈 따는 재미가 붙어 프로가 되는 수가 있습니다. 그러다 보면 "간부 아무개는 너무 고스톱을 잘 치는 사람 같다. 혹시 속이지 않는지 모르겠다"는 말이 나오기도 합니다. "이것이 아무개의 장점이다"라고 말하는 경우가 있는 반면에, 돈을 한두 번 잃은 사람은 "이거 사기성이 조금 있는 것 아니냐"고 생각하기도 합니다.

여하튼 조합원들이 자주 치는 고스톱을 무조건 막으려 하기보다는 조금은 어울릴 줄 알아야 합니다. 대신 거기 빠져서는 안 되는 것입니다. 상당히 어려운 일이기 하지만 이것이 대중성을 확보하는 것입니다.

한 지역에서 십여 년 동안 활동해 온 유능한 운동가에 대해 지역의 많은 간부들은 "우리는 아무래도 그 사람을 따라가지 못할 것 같다. 그는 이론도 많이 갖추었고, 감옥도 여러 번 갔다 왔고, 신념도 굳다. 잠도 우리는 하루에 여섯 시간 이상 자야 하는데, 저 사람은 밤샘도 예사로 한다. 저 사람은 우리와는 다른 사람인 것 같다"고 이야기합니다. 이처럼 그 사람은 그 지역의 간부들로부터 굉장히 존경을 받습니다.

그런데 많은 간부들은 그런 존경심과 함께 일정한 거리감을 갖기도 합니다. 간부들과 대화를 하면서 그 사람은 "내년 임투를 잘하려면 당신들은 감옥 갈 각오가 되어 있어야 합니다"는 말을 쉽게 합니다. 옳은 말이지만 간부들 입장에서는 "당신이나 감옥 많이 가시오"라는 말이 불쑥 튀어나올 정도로 거부감을 느끼게 됩니다. 물론 감옥 갈 정도로 각오를 해야 우리가 이길 수 있다는 것은 알고 있지만, 누구나 감옥 가는 것을 좋아할 사람은 없습니다. 그런데도 그런 말을 자꾸 하면 나중에는 그 사람을 만나기가 꺼려집니다. "자기나 많이 가지, 자기가 뭔데 감옥 가라고 하느냐"고 생각하게 되는 것입니다.

물론 그 운동가도 투쟁 의지의 중요성을 강조하는 것이지 정말 감옥 가기 위해서 투쟁하는 것은 아닐 것입니다. 그러나 그런 말은 많은 고민을 하고 있는 간부들에게는 압박감으로 다가오게 되는 것입니다. "저 양반하고 술 마시면 또 감옥 가라고 할 텐데, 그러면 나는 어떻게 해야 할까. 안 간다고 할 수도 없고, 간다고 했다가 안 가면 또 배신자 취급을 할 것이고" 이런 생각을 갖게 되면 그 운동가와 간부들의 거리는 점점 더 멀어지게 될 것입니다.

이처럼 "저 사람은 우리와 다르다"는 생각을 갖게 되면 조합원들과 거리가 생기기 시작합니다. 대중의 감정이나 기분과 일체감을 가져야 합니다. 그렇다고 해서 그것이 대중의 눈치만 보면서 아무런 개성 없이 활동해도 된다는 것을 의미하는 것은 결코 아닙니다.

어쨌든 노동조합 간부는 대중성을 갖추어야 합니다. 그러기 위해서는 '어느 정도' 대중들과 어울리고, 함께 호흡하는 능력이 있어야 하고, 조합원의 감정·기분과 일체감을 가질 수 있어야 하는 것입니다.

2. 직장의 배우가 되라

 우리는 '배우'라는 말에 대해 그다지 진실성을 부여하지 않습니다. '배우는 속내와 겉이 다른 사람, 슬프지 않더라도 울 수 있고, 기쁘지 않아도 웃을 수 있는 사람'이라고 흔히 생각합니다. 그렇지만 유럽이나 일본에서는 공통적으로 '노동조합 간부는 직장의 배우가 되어야 한다'고 강조합니다. 즉 다재다능하면서도 조합원들의 기쁨과 슬픔을 자신의 것처럼 느낄 수 있어야 한다는 뜻을 이야기하고 있는 것입니다.

조합원들이
믿고 따를 수 있는 간부

 어용적인 간부들이 열정이나 활동 방식에서 민주적인

간부들보다 훨씬 뛰어난 경우를 종종 봅니다. 잠도 훨씬 적게 자고, 가정 방문이나 애경사 찾아다니는 것도 열심히 합니다. 돈도 별로 아끼지 않고, 포용력도 아주 넓습니다. 보통 웬만한 간부들은 집의 전화요금이 상당한 액수에 이른다고 합니다. 다만 그 목적이 개인의 출세와 영달을 위한 것이기 때문에 문제인 것입니다.

제가 아는 어떤 간부는 활동가나 조합원들을 만났다가 헤어질 때는 사과 한 봉지든, 풀빵 몇 개든 쥐어 주어서 보내지 그냥 보내는 법이 없습니다. 옆에서 보면 우습지만 풀빵이라도 하나 받은 사람은 그 간부에게 은연중에 정을 느끼게 됩니다. 그리고 전화도 자주 합니다. 어떻게 보면 어용노조 간부들이 훨씬 더 열성적으로 활동을 합니다. 그 자리를 그만두면 현장으로 돌아가야 하는데, 그렇게 되면 조합원들로부터 사람 취급을 못 받을 것이란 사실을 잘 알기 때문입니다. 그래서 사활을 걸고 그 자리를 지키는 것입니다.

그런데 오히려 민주노조 간부들은 바쁘다는 핑계로 조합원들을 찾아다니는 것에 인색합니다. 그리고 판공비, 기밀비도 잘 쓰지 않습니다. "전화요금을 내가 많이 낼 필요가 있느냐, 나는 민주노조 간부인데 당신들이 알아

줘야 하는 것 아니냐"는 식입니다.

반드시 어용노조 간부처럼 해야 하는 것은 아니지만 조합원들을 다양한 방식으로 접촉하고, 함께 하려고 노력해야 합니다. 형식적으로 애경사를 챙기라는 것이 아니라, 조합원들의 기쁨과 슬픔을 함께 하기 위한 노력을 끊임없이 하는 것이 중요합니다. 그래야만 조합원들로부터 '저 사람은 정말 믿을 수 있는 사람'이라는 평가를 받을 수 있으며, 조합원들이 믿고 따를 수 있기 때문입니다.

또한 노동조합은 출신지역, 직종, 근속연수, 하는 일 등이 서로 다른 사람이 모인 대중조직입니다. 여기에서 다양한 층의 불만이나 요구를 만족시키려면 정말 좋은 의미에서 배우가 되어야 합니다. 노조에는 나이 많은 조합원, 여성 조합원, 갓 들어온 조합원 등 다양한 층이 있습니다.

그래서 활동 방식도 다양해야 합니다. 예를 들어 나이 많은 조합원 집에 찾아가 소주라도 한 잔 대접하면서 과거의 조합 활동에 대해서 이야기를 하게 되면 평소에 몰랐던 나이 많은 조합원의 생각을 잘 알 수 있게 될 것입니다.

실무에도
밝은 간부

 조합원들로부터 신뢰를 받기 위해서는 실무에도 밝아야 하고, 대안을 고민하는 간부가 되어야 합니다. 언젠가 노동관계 잡지에서 '노선 없는 실무를 강조해서는 안 된다'고 주장하는 글을 본 적이 있습니다.

 그러나 경우에 따라서는 실무가 뒷받침되지 않은 노선은 말할 수 없이 공허합니다. 근로기준법이나 구체적인 교섭 절차와 방식, 전술을 잘 모르면서 '노동해방'만을 외치는 경우에는 어떤 노선이든 아무런 힘을 발휘할 수가 없습니다. 그런 의미에서 간부들은 실무역량을 단단히 갖추어야 합니다.

 특히 새로 집행부가 구성될 때 전 집행부와 인수·인계가 잘 이루어지면 좋은데, 단절이 되는 경우가 아주 많습니다. 상집 간부를 맡은 사람들은 가능한 한 빨리 일상활동을 추진할 수 있는 능력, 규약과 규정을 만들 수 있는 능력, 협약과 협정을 만들 수 있는 능력 등을 키워야 합니다.

 또한 조합원들은 실무에 밝은 간부들을 신뢰하게 됩니다. 부서이동이나 산재를 당해서 조합 사무실을 찾았는데, 간부들이 '변호사 사무실에 전화해 봐라. 어느 어느

2003년 노동자대회 한진중공업노조. 민주노총 〈금속연맹〉

단체에 연락해 봐라'는 식으로 나오면 간부들에 대한 신뢰가 떨어집니다. 물론 법 조항 하나 하나를 다 외울 수는 없습니다. 그렇지만 최소한의 상담을 해 주고, 전문단체나 변호사를 연결해 줄 때 그 간부를 믿고 따를 수 있게 될 것입니다. 뿐만 아니라 자녀교육 문제나 전세금을 받을 수 있는 방법에 이르기까지 일상생활에서도 필요한 것이 많습니다. 여기에 대해서도 한두 마디 조언을 해줄 수 있어야 합니다.

물론 한 사람이 모든 것에 다 정통할 수는 없지만, 기초적인 것은 모든 간부들이 다 알고 있어야 합니다. 그런 점에서 신뢰받는 간부가 되려면 교섭, 협약, 규약, 노동법, 그리고 구체적인 실무에 굉장히 밝아야 합니다.

현장의 일로
남에게 폐를 끼치지 말아야

다음에는 간부들이 직장 일을 어떻게 대하는가에 관한 것입니다. 노동조합 간부들이 '훌륭한 간부는 어떤 사람인가'에 대해 토론한 결과를 보면, '일을 열심히 하는 사람'이라는 이야기를 가장 많이 합니다. 표현 그대로를 해석하면 회사 쪽에서 시키는 일을 잘 해야 한다는 말이 되는데, 이렇게 대답한 간부들이 그런 의미로 말한 것은 아닐 것입니다. 현장 일을 열심히 하듯이, 모든 일에 모범적이고 성실한 사람이어야 한다는 의미일 것입니다. 그리고 일을 열심히 하지 않아서 옆에 있는 사람에게 피해를 주지 않는 사람이어야 한다는 뜻에서 나온 말일 것으로 해석됩니다.

특히 반상근을 하는 간부들에게 이런 문제가 많이 나타납니다. 상근자는 아예 상근을 하니까 별 문제가 아닌데, 반상근을 하는 경우에는 조합일 때문에 수시로 현장을 비우게 됩니다. 그렇게 되니까 바로 옆에서 일하는 동료 조합원이 직접적인 피해를 입게 됩니다. 그래서 어떤 간부의 경우는 조합원에게 돌아가는 피해를 줄이기 위해 반드시 그 날 자신이 해야 할 일을 다 해 놓은 뒤에 조합 일을 하거나, 조합 일을 마친 후에 다시 현장 일을 한다고 합니다. 그 이유는 회사에 충실하기 위해서가 아니라 주변 동료에게 피해를 주지 않기 위해서인 것입니다.

또, 1987년 이후 새로 결성된 노동조합이나 개편된 노조 간부들이 고민하는 것 중 하나가 조합원들이 일을 잘 안 한다는 것입니다. 어떤 조합들은 "야간 작업반에 가 보면 빈 소주병도 있고 참 골치 아프다"고 합니다. 그리고 회사 기물에 손을 대서 회사로부터 징계를 당하는 경우에 조합에서 대처하기가 참 어렵다고 합니다. 또한 노동조합에서 투쟁을 몇 차례 겪고 난 뒤에는 조합원들의 결근이나 지각이 부쩍 늘어나기도 합니다. 집행부에서는 저러다가 회사로부터 징계를 당한다든지, 사고가 나면 어떻게 하나 걱정입니다.

그런데도 집행부가 나서서 "우리 그런 식으로 일을 해서는 안 된다"는 얘기를 하기는 참으로 어렵습니다. 왜냐하면 조합원들에게 그렇게 말하면 회사 쪽에서 말하는 "열심히 일해라"는 소리와 다름없는 말을 한다고 생각하기 때문입니다.

그러나 회사 일을 대하는 조합원들의 태도도 역시 마찬가지입니다. 성실한 모습을 보여야 합니다. 왜냐하면 '나 하나쯤이야'하고 행한 생산과정의 무질서한 행동은 다른 동료들에게 피해를 입히기 때문입니다. 그런 의미에서 현장 일도 열심히 하자는 것입니다. 회사측을 위해서 열심히 일해야 한다는 말이 아니라 집단적인 생활에서는 다른 조합원에게, 다른 사람에게 피해를 주어서는 안 되기 때문입니다.

3. 조직 운영의 원칙에 따른 활동을 하라

다음은 조합 간부들이 본격적인 활동으로 들어가서 어떻게 해야 할 것인가에 대해 살펴보겠습니다. 새로 선출된 간부·대의원에게 "우선 간부들은 노동조합 조직 운영의 원칙에 따라 활동해야 한다"는 것을 강조합니다만, 이러한 조직 운영의 원칙은 비단 우리나라에만 해당하는 것은 아닙니다. 어느 나라나 단위 노동조합이든 전국 조직이든, 노동조합 운영에서 가장 기본적인 것은 다섯 가지입니다.

① 요구의 체계적·조직적인 집약과 해결, ② 조합원 전체가 참여하는 조합 활동, ③ 현장 중심의 활동, ④ 전체 노동운동의 통일과 연대, ⑤ 민주적인 운영, 이것이 노동

운동의 가장 기본이 되는 원칙입니다. 이것을 누가 합니까? 사람이 하는 것이고, 사람 중에서도 간부들과 현장 활동가들이 해야 하는 것입니다. 이것을 잘 실천하는 노조는 살아 움직이는 조직이고, 그렇지 못한 노조는 동맥경화 상태의 죽어 가는 조직일 뿐입니다.

요구의 체계적·조직적 집약과 해결

조합원의 요구를 체계적·조직적으로 집약하고 해결하기 위해 기본적으로 요구되는 것이 소모임, 현장조직입니다. 그러자면 대의원, 소위원, 열성적인 조합원들을 중심으로 소조직을 만들어야 합니다. 이 모임은 또한 정기적으로 활동을 추진해야 합니다. 그래야만 조합원들도 공식적인 통로를 통해 조합 활동에 참여할 수 있는 길이 열립니다.

현장조직이나 소모임이 없을 때는 조합원들이 공식적·체계적·일상적으로 노조 활동에 참여할 수 없습니다. 그렇게 되면 조합원들은 노조 활동에서 소외될 수밖에 없습니다. 또한 이러한 체계가 없으면, 간부들도 개별적으로는 조합원들의 요구를 들을 수 있지만 정기적·체계적·일상적으로 집약할 수는 없습니다. 그래서 요구를 집약할 수 있는 공식적인 통로를 만들고 운영하는 데 간부나 활동가들의 역할이 요구되는 것입니다.

조합원 전체가 참여하는
조합 활동

조합원들은 노동조합에 대해 우선 대의원들을 통해 기대를 표현합니다. 대의원들은 상집, 상집은 임원에게 기대를 합니다. 임원은 어떻습니까? 우선 상집들이 열심히 해 주어야 한다고 생각합니다. 상근 간부들은 비상근 간부들이 힘들더라도 헌신적으로 노력해 주기를 바랍니다. 그러나 일과 시간이 끝나면 우선 피곤합니다. 그래서 "상근하는 위원장, 사무장이 다 해야 할 것 아니냐"고 합니다.

또 상집 간부들은 "우리는 열심히 하는데 대의원이 문제"라고 말합니다. 이 대의원들 중에 절반 이상이 회사 측일 경우 조합 활동은 매우 어렵게 됩니다. 이 대의원들이 삼권 분립을 주장하면서 매번 견제만 하려고 하니

제대로 일을 할 수가 없다는 것입니다. 대의원들은 어떻습니까? "내가 뭐 대의원을 하고 싶어서 했나. 입사한 지 얼마 안 되었으니 하라고 해서 했지. 나는 찍혀서 했어"라고 말하는 대의원들이 더러 있습니다. "난 예비군 훈련을 갔다 왔더니 그 사이 대의원이 되어 있더라"고 하는 극단적인 경우도 있습니다.

여하튼 대의원이 되고 나서 "그래 기왕에 된 것이니 일년 동안 고생 좀 하겠다. 찍히더라도 열심히 하겠다"는 각오를 하고서도 얼마 안 가서 "우리 조합에서는 조합원이 문제"라고 쉽게 결론을 내려 버립니다. 조합원들이 이기적이라는 것입니다. 조합원들은 임금이 많이 올라도 "우리 부서는 적다"고 불만을 얘기하고, 좀 적게 오르면 "왜 타협을 했느냐"는 불만이 터져 나옵니다.

또, "다른 조합과 똑같이 올랐지만, 타결하는 절차가 잘못되었다. 그래서 당신들은 내려와야 한다"고 얘기하기도 합니다. 그래서 "이런 이기적인 조합원들과 함께 어떻게 일을 하느냐"는 것입니다. 이렇게 되면 여기에 회사측의 분열공작이 들어오게 됩니다.

"조합원 전체가 참여하는 조합 활동은 말은 쉽지만 잘 안 됩니다. 특히 은행 같은 데는 전국에 점포가 3~4백 개가 되는데, 이것이 전부 분회로 구성됩니다. 분회 순방만 하더라도 몇 개월이 걸리는데 이것을 어떻게 다 합니까? 분회장도 서로 안 하려고 합니다"라고 하소연을 하기도 합니다.

그렇지만 그래도 해 내는 곳이 있습니다. 지역별로 묶어서 조합원 교육을 하는 조합이 늘어나고 있습니다. 전체 조합원들을 대상으로 교육이라는 이름을 안 붙이고 재미있는 교육 프로그램을 만들어서 교육을 집행하고 강의는 약 50분 정도만 하는 경우도 보았습니다. 조합원은 교육받았다는 생각을 하지 않습니다. 신나게 놀고 왔다고 생각합니다. 어떻게 보면 이렇게 잘 노는 것이 교육입니다.

임원은 임원대로, 상집은 상집대로, 대의원은 대의원대로, 조합원은 조합원대로 구체적인 의식화 방법이 나와야 합니다. 그래서 이것들이 유기적으로 서로 연관성을 갖고 실행되어야 합니다. 어느 하나만 가지고 될 문제가 아닙니다. 예를 들어 간부들은 그렇지 않은데 조합원만 의식화가 잘 되란 법이 없습니다.

그래서 조합원 전체가 참여하는 활동을 하기 위해서는 임원, 상집, 대의원들이 자기 역할을 명확하게 알고 있어야 합니다. 또한 간부들이 구체적인 활동을 통해 스스로 단결된 모습, 노력하는 모습을 보여주어야 합니다. 집에 가서 밤잠 안 자고 고민하는 것도 중요하지만, 실제 어떻게 실천하고 있는지 보여줄 수 있어야 합니다.

현장 중심의 활동

다음에 현장 중심의 활동입니다. '조합원과 더불어, 조합원을 중심으로' 활동하는 것이 매력 있는 간부의 모습이라고 할 수 있습니다. 그런데 이것은 혼자서 쫓아다닌다고 되는 것이 아니라, 공식 조직을 통한 체계적인 조직 활동, 일상적인 활동을 통해서 가능한 것입니다.

이러한 활동을 위해서 현장소모임을 만들고 운영을 하게 됩니다. 소모임 운영을 어떻게 할 것인지는 그 모임에서 결정하는 것이 좋습니다. 가령 임투를 앞두고서는 임금 문제를 비롯하여 많은 문제가 나오게 됩니다. 그래서 소모임이나 소조직의 운영은 임투를 계기로 출발하여 지속시키는 것이 좋습니다. 그때는 거의 모든 조합에서 부서별 토의가 이루어지기 때문입니다. 그래서 출발은 임투 기간이 좋다는 것입니다.

모임 구성원 중에 누군가에게 그 동안 말을 못했던 어려움이 있을 수 있습니다. 가령 동생이 가출을 했거나, 부모님이 오랫동안 병석에 누워 계신다거나, 혹은 입원비가 없다거나 하는 어려움이 있을 수 있습니다. 그래서 이 모임에서는 이러한 개인적인 어려움을 서로 털어놓고 어떻게 하면 함께 해결할 것인가를 얘기하거나, 또는 지금까지 살아온 과정을 얘기하는 식의 좀 쉽고 편하면서도 서로를 이해할 수 있는 내용으로 첫 모임을 운영하는 것이 좋을 것입니다.

그리고 그 이후는 어떻게 할 것인지를 그 자리에서 토론하여 결정하는 것입니다. "서로 털어놓고 얘기하니까 좋더라. 유익했다. 말은 동료라고 하면서 우리는 서로 잘 몰랐다. 다음에는 어떤 주제로 할 것이냐"라는 식으로 토론하여 결정하는 것이 좋습니다. 처음에는 각 모임마다 전체적으로 통일성이 없어도 좋습니다. 아주 쉬운 것에서 출발하는 것이 좋습니다. 그래서 일정 시기가 지나게 되면, 각 모임별로 통일성을 가져야 합니다. 우선은 모임을 유지해 나가는 데 목표를 잡아야 하는 것입니다.

간부들은 이러한 현장소모임을 조직적이고 체계적으

로 운영하는 것을 통해 현장 중심의 활동이 뿌리내릴 수 있도록 자기 역할을 다해야 할 것입니다.

전체 노동운동의
통일과 연대

지역별 연대, 그룹별 연대, 또는 산업별 연대를 할 때 초기에는 위원장이 중심이 될 수밖에 없습니다. 그런데 위원장끼리만 모이게 되면 이제 부서장들로부터 불만이 조금씩 터져 나옵니다. "위원장님, 연대 모임에 가서 무슨 일을 하였습니까"라고 물어 보면, 모임에 참석한 위원장도 정작 얘기할 것이 많지 않습니다. 밤새도록 회의를 하기는 하였는데 실천적인 결론으로 나온 것이 별로 없기 때문입니다. 그러나 모임에 참석하여 서로 다른 조건에 있는 노동조합의 활동을 이해하면서 연대의 필요성을 절실히 느끼게 됩니다. 이렇게 위원장 모임에서 출발한 연대 활동은 부서장들의 연대 모임으로 확대됩니다. 각 노조의 교육부, 산업안전부, 조사부의 부서장들이 서로 만나 보니 정보 교환도 되고 많은 도움이 됩니다.

그런데 많은 노조들이 대의원들의 연대에 대해서는 아

주 소홀합니다. 대의원들의 연대가 필요합니다. 연대와 통일에 대해서 대의원들이 알아야 훨씬 더 전파력이 큽니다. 위원장이 백 마디 하는 것보다 대의원들이 현장 부서에서 연대의 필요성에 대해 이야기하는 것이 훨씬 효과적입니다. 그러자면 우선 간부들이 통일과 연대의 필요성에 대해 확신을 가지고 있어야 합니다. 그렇지 않으면 "우리 노조만 잘하면 되지"라고 생각하는 대의원들을 설득할 수가 없기 때문입니다.

2003년 부안 핵폐기장 반대 집회를 지지하는 단체들

4. 파벌주의를 극복하라

많은 노동조합에서 파벌과 분열 때문에 어려움을 겪는 것을 자주 보게 됩니다. 파벌이나 분열이 생겨나는 것은 노동조합이 대중조직이기 때문입니다. 조합원 개개인의 사상, 신조, 직종, 근속연수, 종교 등이 각각 다르기 때문에 분열이 생길 수 있는 것입니다.

노동조합 안에서 생기는 다양한 파벌을 한 번 살펴보겠습니다. 우선 "우리 집행부는 어용이다. 우리는 어용인 노조를 민주화하기 위해 모였다"고 말하는 데서 파벌이 생깁니다. 이것은 어떻게 보면 당연한 것일 수도 있습니다. 다음은 호남·충남·영남 향우회 등 지연, 학연 등의 파벌이 있습니다. 또한 정세에 대한 인식의 차이에서 파벌이 생깁니다. "김대중 정권의 개혁을 적극 지지해야 한다. 아니다, 싹이 노랗다"라는 식으로 서로의 판단 차이가 분열을 가져올 수도 있습니다. 또, 노동운동의 전략 목표를 두고, 변혁 노선이나 개혁 노선 또는 개량 노선으로 나뉘어 분파를 이루는 경우도 흔합니다. 거의 모든 노조들이 이런 분열의 요소들을 안고 있습니다. 문제는 이러한 분열의 요소를 어떻게 극복해 내느냐 하는 것입니다.

그런데 이런 조건에서 간부들의 자세가 주관주의로 흐르게 되면 더욱 극복하기가 어려워집니다. 어떤 간부를 만나면 말로는 "정파하고는 관계를 갖지 말아야 한다, 비공식 현장조직들은 모조리 없어져야 한다"고 하면서 자기는 어느 정파에 속해 있는 경우도 보게 됩니다. 본인은 정파적 입장이 아니라 객관적 입장을 갖고 있다고 생각하는 것입니다.

또, 간부들이 "내가 옳다. 우리 서클이 옳다. 우리가 어떤 일이 있더라도 집행부를 차지해야 한다. 저 서클을 꺾어야 한다"는 식으로 나오면 제일 좋아하는 것이 회사측입니다. 파벌주의에 따르면 믿을 수 있는 것은 자기밖에 없습니다. 파벌주의에 물든 사람은 "저 친구는 기회주의, 저 친구는 모험주의"라고 단정을 내립니다. 여기에 개인출세주의와 영웅주의까지 겹치게 되면, 파벌과 분열을 극복할 수 있는 길은 어디에서도 찾을 수 없게 됩니다.

노동운동을 둘러싼 노선이나 방침은 아주 다양할 수가 있습니다. 토론을 통해서 우리 조합이 나아가는 데 가장 좋은 길이 무엇인가를 찾아야 합니다. "우리 위원장이 어느 정파니까"라는 식으로 따져서는 분열을 극복하기는커녕, 훨씬 심화될 수밖에 없습니다. 그런 태도는 노동조합이 대중조직이라는 사실을 망각하고 있는 것입니다.

노동조합 내에는 노선의 차이가 다양할 수 있습니다. 반공주의자도 있을 수 있고, 사회주의 사회를 동경하는 사람도 얼마든지 있을 수 있습니다. 문제는 그런 사상과 신념을 묶어 나가는 방도가 중요한 것입니다.

파벌과 분열을 극복하기 위한 활동

파벌주의를 극복하기 위해서는 간부들의 통일적인 노력이 매우 중요합니다.

이를 위해서는 첫째로 비판과 자기 비판을 생활화해야 합니다. 물론 이것이 쉬운 것은 결코 아닙니다. 노동운동을 비롯한 사회운동에서 비판과 자기 비판이 일상화되지 않으면, 물이 고여 썩는 것처럼 운동도 건강하지 못하게 됩니다. 비판과 자기 비판이 없으면 우선은 평온한 것 같지만 내부적으로는 분열의 요소가 커집니다. 이 분열의 요소는 어떤 계기가 되면 반드시 표면으로 나타나게 되어 있습니다.

비판과 자기 비판은 처음에는 잘 안 됩니다. 모든 간부들은 '구체적인 일을 가지고, 애정을 가지고, 일을 잘 하기 위해서, 전체 동료의 지위와 권익 향상을 위해서 비판과 자기 비판을 반드시 해야 한다'는 인식을 공유하고 있어야 합니다. 이것이 일상적으로 된다면 자기의 잘못된 부분을 고쳐 나갈 수가 있는데, 서로 봐주기만 한다면 자기 자신을 잘 모르게 됩니다.

저희 한국노동사회연구소에는 단위 노조의 교육 역량을 높이기 위해서 기획된 강사훈련이라는 교육프로그램이 있습니다. 이 교육프로그램에서는 자신이 직접 강의를 하고, 강의하는 모습을 비디오로 촬영하여 화면을 직접 보면서 평가를 합니다. 그 때 비디오 화면을 통해 전혀 자기도 모르는 버릇을 스스로 볼 수 있습니다. 자기가 평소 의식하지 못했던 것을 보게 되는 것입니다. 동료들의 애정 어린 비판도 이와 같은 것입니다.

많은 간부들에게 노동운동을 하면서 보람있었던 일을 물어 보면 대개 '세상을 바로 보는 눈을 새롭게 가질 수 있게 된 것, 동료와의 새로운 만남'이라고 대답합니다. 여기서 더 나아가 자기를 비판해 줄 수 있는 정말 애정 있는 동료를 만난다는 것은 가장 큰 보람일 것입니다. 이러한 비판과 자기 비판을 통한 단련 없이는 훌륭한 노동운동가로 성장할 수 없습니다. 이런 과정을 통해 파벌주의도 극복할 수 있게 되는 것입니다.

다음으로 노조간부들이 정세 분석을 지속적으로 진행하는 것도 상황 인식의 공유를 통한 분열 극복에 도움이 됩니다. 선배 노동운동가들은 모이기만 하면 정세 분석을 하곤 했습니다. 그분들은 정세를 분석하는 전문가가 아니더라도 그것을 필요로 하는 사람들이 끊임없이 노력해 가는 과정에서 풍부한 토의를 계속한다면 어느 학자들보다 정확한 결론을 낼 수 있다는 그런 믿음을 갖고 있었습니다.

그런데 많은 간부들이 "신문도 그렇고, 잡지도 별로 볼 것이 없더라"고 하면서, 정세 분석을 위한 노력을 소홀히 하는 경우를 보게 됩니다. 언론이 편파적이고 불공정하며 왜곡된 보도를 하는 경우가 있다 하더라도 세상 돌아가는 것이 신문에 거의 실리는데 볼 것이 없다니, 그건 말이 안 됩니다. 그것은 세상일에 관심이 없다는 것이고, 운동에 대한 열정이 없다는 것입니다.

정세를 분석한다거나 상황을 인식하는 것을 엄청나게 높은 차원의 것, 추상적인 것으로 생각할 것이 아니라 세상 돌아가는 이치를 우리 통박으로 파악하는 것이 정세분석이라는 사실을 인식해야 합니다.

다음에는 학습입니다. 선배 운동가들은 노동운동에 필요한 광범한 학습을 열성적으로 했습니다. 간부들과 활동가들은 끊임없이 학습을 해야 합니다. 왜냐하면 학습은 간부들의 사상과 이론 수준을 높이기 위해 필수적으로 요구되기 때문입니다. 이론은 실천의 중요한 무기입니다. 학습을 개인적으로 해야 하겠지만, 공동으로 하는 것이 훨씬 효과적일 수 있습니다.

또한 학습소모임을 통해 학습을 진행하고 나면 스스로 학습해 나가는 기초를 마련할 수 있게 됩니다. 그래서 학습소모임을 통해 학습을 꾸준히 하고, 단위조합 차원 뿐만 아니라 지역적으로도 학습할 수 있는 기회를 많이 만들어야 합니다.

그런데 처음부터 무작정 토의를 하다 보면, 어느 것이 옳은지 잘 모를 수가 있습니다. 그래서 원칙적인 기준을 먼저 공유하고 그런 기준 위에서 학습하고 토론하는 것이 필요합니다.

파벌을 극복하기 위해서는 기본적으로 이러한 활동들이 뒷받침되어야 합니다 이런 활동들이 뒷받침된다면 웬만한 파벌은 극복할 수 있을 뿐만 아니라 개인도 조직을 통해 발전할 수 있는 것입니다.

1999년 12월 31일 밤, 민주노총 새천년 맞이 대동제. 〈노동과세계〉

파벌과 분열을
극복하기 위한 자세

간부들은 우선 포용력을 가져야 합니다. 실제로 어용 노조 간부들이 민주노조 간부들보다 훨씬 포용력이 커 보입니다. 속으로야 어떻게 생각하든 함께 입후보한 상대방 후보에 대해서도 겉으로는 결코 화를 내거나 신경질을 내지 않습니다. 이기적인 목적에 충실하다 보니 그렇게 된 점도 있겠습니다만, 외형상으로는 그렇습니다.

이에 비하면 민주노조 간부들이 오히려 포용력이 적은 편입니다. 포용력을 갖지 못하면 사물의 한 측면만을 고정적으로 볼 수 있습니다. "저 친구는 어용이고, 저 사람은 전 집행부에서 간부를 했기 때문에 우리와 절대로 같이 할 수 없는 사람이다"는 식으로 사람을 고정적으로만 봅니다. 그러나 모든 사람에게는 다양한 측면이 있습니다. 한 면만 보아서는 안됩니다.

다음은 관료주의 문제입니다. 특히 전임간부, 상집간부들은 자칫하면 관료주의에 빠지기 쉽습니다. 간부를 맡은 지 6개월쯤 지나면 조합원들과 매일 만나기는 하지만, 조합원의 처지로부터 점차 멀어지기 시작합니다. 그리고 자꾸 책상머리에서 계획을 짜려고 듭니다. 또, 내려

먹이기 식의 지시·명령을 하게 됩니다. 민주노조에서도 마찬가지 경향이 나타나기도 합니다. 오랫동안 간부 생활을 한 경우에는 자신도 모르게 이런 경향이 몸에 배일 수 있습니다.

이러다 보면 조합원의 창의성을 믿지 않게 되고, 현장 간부들의 이야기를 무시하게 됩니다. 이런 것들이 분열과 파벌을 조장하게 됩니다. 많은 사람들을 포용하고, 아주 작은 일이라도 많은 사람의 의견을 듣고 민주적인 방식을 통해 결정해야 파벌과 분열을 극복할 수 있는데, 몇몇 사람들이 결정해 버리니까 같은 집행부 안에서도 소외되는 간부가 나타납니다. 이런 점에서 간부들은 포용력을 갖고 파벌과 분열을 극복하기 위해 끊임없는 노력과 활동을 추진해야 할 것입니다.

5. 결단력을 갖추어라

조합 간부들이 포용력을 가져야 하지만, 잘못된 생각과 타협을 해도 좋다는 것은 결코 아닙니다. 잘못된 것은 잘못된 것이고, 옳은 것은 옳은 것입니다. 그리고 같이 가야 한다고 해서 이도 저도 모두 좋다고 해서는 안 됩니다. 우유부단해서도 안 됩니다. 예를 들면 "우리 노조만 잘하자, 어떤 방식으로든 임금만 많이 올리면 되지, 투쟁을 할 필요가 있는가"라는 생각은 옳지 않습니다. 반면에 "이번엔 한 판 붙어야 한다. 결과야 어떻게 되든 화끈하게 한 번 붙고 보자"는 것도 아주 무책임한 것입니다. 이런 잘못된 생각과 영합하거나 또 목소리만 높은 일부 주장에 끌려 다니다 보면 결과는 패배로 끝날 수밖에 없습니다.

그리고 몸을 지나치게 사리다 보면 아무 일도 못하는 경우도 있습니다. 그래서 노동운동의 선배들은 흔히들 '진흙을 뒤집어 쓸 각오를 하라'는 이야기를 합니다. 원칙에 맞는 활동이고, 원칙에 맞는 실천이라면, 웬만한 비난은 받을 각오를 해야 한다는 뜻입니다.

특히, 투쟁을 마무리지을 때 이러한 문제가 많이 대두됩니다. 물론 마지막 타결은 당연히 조합원 토론에 붙여야 합니다. 그러나 타결 시점에 대한 판단을 비롯하여, 마무리에 대한 방침이 원칙에 입각한 것이라면 진흙을 뒤집어 쓸 각오를 해야 한다는 것입니다. 이 눈치 저 눈치 보다가는 아무 일도 못하게 됩니다.

그러면 이러한 투쟁을 마무리 할 때는 어떤 원칙을 지켜야 하겠습니까?

첫째, 조합원의 요구가 관철되어야 합니다. 물론 조합원의 요구는 다양합니다. 노조에서 임금 12%를 요구했지만 "우리는 6%만 되어도 괜찮다"는 식으로 요구액과 조합원들이 생각하는 것이 다를 수 있습니다. 또한 최근에는 임투를 수십 차례 겪은 민주노조의 조합원들은 대략 타결률을 예상하기도 합니다만, 어떻든 노조 측의 요구가 상당한 정도는 관철되어야 합니다. 그러나 "기업단위

노조로서는 더 이상 파업을 오래 지속하기 어렵고, 연대 투쟁의 물꼬를 트긴 했지만 더 이상 확산될 기미는 보이지 않고, 기본급 6%를 넘기 어렵더라. 다른 식으로 따자"고 말하는 것도 조합원의 일정한 요구입니다. 6%라는 타결률만 보면 이것은 완전히 타협입니다. 그러나 상여금이나 성과급으로 일정 부분이 보전되었다면, 조합원들의 요구는 어느 정도 달성된 것이라고 볼 수 있습니다.

둘째, 타결을 함으로써 다음의 투쟁을 준비할 수 있어야 합니다. 이것도 굉장히 중요합니다. 투쟁은 치열했으나 요구 관철도 못한 채 간부들은 대량 구속되고, 손해배상 소송이 들어온다면 어떻게 대처할 것인가도 생각해 보아야 합니다. "올해는 이 정도 하고, 하반기에 내부의 힘을 튼튼히 꾸리고, 지역과 업종, 그룹의 연대 수준을 높여 다음 투쟁을 준비하자"는 식으로 다음 투쟁을 어느 정도 예비하고 준비할 수 있어야 합니다. 이것은 임투의 조직적인 목표를 얼마나 구체적으로 설정했으며, 조합원과 조직적 목표를 얼마나 공유했는가가 관건인 것입니다. 그렇지 않으면 이러한 방향에 대해 조직 보존론이나 투쟁을 포기하는 것이라는 비판적 주장이 나올 수 있습니다.

그렇기 때문에 임투 첫 준비 때 타결의 원칙으로서 임금인상 요구의 목표와 조직 정비의 목표를 구체화하고, 조합원과 공유해야 하는 것입니다. 이것이 서로 확인할 수 있는 타결의 원칙, 타결 시점에 대한 판단의 근거가 되는 것입니다. 결정은 조합원들이 마지막에 해야 하겠지만, 집행 간부들은 이런 원칙에 기초하여 타결의 실마리를 장악해야 합니다.

셋째, 타결은 힘이 남아 있을 때 해야 합니다. 투쟁의 열기가 최고점을 막 지나고, 힘이 아직 남아 있을 때 타결을 하게 되면 조합원들이 아쉬워합니다. "지금 투쟁 열기가 매우 높고, 조금만 더 밀어붙이면 될텐데, 왜 집행부가 여기서 주춤하는가"라는 불만이 있게 마련입니다. 조합원들은 "집행부가 겁먹은 것 아니냐"고 생각할 수 있습니다.

그러나 원칙적으로는 힘이 남아 있을 때 타결을 해야 합니다. 투쟁 열기가 최고조를 넘어 잠시 주춤하는 시점을 지나치면, 이제 내리막길로 접어들고, 그 때는 걷잡을 수가 없습니다. 일부 조합원들은 내리막길이더라도 다음에 다시 올라갈 것처럼 착각을 하지만 실제로는 그렇지 못합니다. 이러한 시점을 지나치면 이 투쟁은 결국 조합원들에게 상당한 패배의식을 남기게 됩니다. 그래서 타결은 여력이 있을 때 해야 하고, 이 시점은 간부들이 선택해야 하는 것입니다.

마지막으로, 대중의 승인을 받아야 합니다. 1999년 임금인상투쟁에서 어느 대규모 노동조합에서 잠정합의안에 대해 조합원 찬반투표를 실시하였습니다. 이 노동조합은 1998년 구조조정 투쟁과정의 실패로 인해 조합원들이 상당한 패배의식에 휩싸여 있는 상태였습니다. 그러나 1999년 투쟁을 성공적으로 수행하여 조합원들의 적극적인 참여를 이끌어 냈습니다. 이 과정에서 조합원들이 어느 정도 자신감을 회복하던 중이었습니다. 회사측과의 교섭을 통해 집행부 차원에서는 어느 정도 만족할 만한 수준의 합의를 도출해 내었습니다.

그런데 집행부에서는 조합원들이 그 요구안에 대해 만족하지 않고 투쟁 과정에서 회복했던 자신감을 더 확인하고 싶어하고 있다는 점을 간과하였습니다. 그것을 무시하고 잠정합의를 했던 것입니다. 즉 타결 시점에 대해 잘못 판단했던 것입니다. 조합원들의 투표 결과 잠정합의안은 상당한 표 차이로 부결되었습니다. 그 후 지도부에서는 자신들의 판단에 오류가 있었다는 것을 인정하고 투쟁과 교섭을 통해 새로운 합의안을 이끌어 내었고, 다시 조합원들의 승인을 받았습니다. 아주 위태로운 순간이었습니다. 집행부에서는 현장 조합원의 정서를 제대로 파악하지 못했던 점을 반성했습니다. 그리고 현장 조합원의 뜻에 따랐던 것입니다. 만일 지도부에서 자신의 오류를 인정하지 않고, 조합원의 승인을 받기 위한 노력을 하지 않았더라면, 조직은 사분오열되고 지도부는 지도부대로 자중지란에 빠졌을 수도 있었을 것입니다.

어떤 노동조합에서는 일단 잠정합의를 한 후 곧바로 조합원 투표를 한 것이 아니라 조합원들에게 이 잠정합의안을 조합원 투표에 붙일지 여부를 가지고 토론을 조직하였습니다. 조합원과 타결 시점에 대한 판단을 함께 공유한 것입니다. 이 노동조합은 조합원들의 토론 결과 찬반투표에 붙이자는 결론을 얻어 비로소 조합원 찬반투표를 하여 압도적 지지로 타결을 했습니다.

이처럼 원칙과 절차에 입각해서 타결했을 때만이 운동의 전진을 가져오게 됩니다. 그렇지 않을 때는 조직의 분열을 가져오게 되는 것입니다.

6. 대중 속에서 대중 속으로

**대중노선에
충실한 간부**

앞에서 노동조합 간부는 대중의 정서, 고민, 어려움을 같이 할 수 있어야 한다고 얘기했습니다. 이런 간부가 조합원들로부터 신뢰를 받을 수 있는 간부입니다. 여기서 중요한 것이 '대중노선'입니다. 무조건 대중성을 갖자고 해서 되는 것이 아니기 때문입니다. '대중 속에서 대중 속으로'라는 말은 대중노선을 가장 잘 표현한 말입니다.

임금인상 요구안을 만들 때, 비밀이 샌다는 이유로 집행부만 보안을 유지하는 경우가 있습니다. 교섭 요구안이 무엇인지, 교섭은 언제 하는지, 교섭위원은 누구인지 조합원은 아무 것도 모릅니다. 어떤 조합에서는 조합원들이 단체협약 내용을 잘 모르는 경우도 있습니다. 어느 기업의 지방에 있는 사업장 노동자들이 새로운 지부를 만들려고 해도 집행부가 규약을 공개하지 않아, 규약상 조직 대상이 어떻게 되어 있는지 알 수 없는 경우도 있었습니다. 그런가 하면 1인 1요구에서부터 시작하여 현장 단위로 집행부가 의견을 모아 요구안을 만들고 이를 다시 전체 조합원의 토의에 붙이는 매우 바람직한 경우도 있습니다.

그리고 아직도 노동조합들이 임금인상에 대해서는 관심이 많으나 단체협약에 대해서는 별로 관심이 없는 경우가 많습니다. 또한 조합간부들이 종종 "우리 조합원들은 금전에만 관심이 있지 노동운동의 과제인 정치세력화나 산별노조에 대해서는 너무나 무관심해"라고 얘기하는 것을 듣게 됩니다. 그러나 이는 참여도가 낮기 때문이 아니라 밑으로부터의 광범한 토론을 조직하지 않았기 때문에 생기는 것입니다.

밑으로부터의 의견이 잘 모여야만 투쟁 과정과 활동 과정에 조합원들이 주인으로서 참여할 수 있는데, 조합원들이 요구 내용을 잘 모르고 있으면 그 투쟁의 의미를 제대로 파악할 수 없고 노조의 모든 활동에 주인으로 나설 수 없습니다. '알아야 면장 한다'는 옛말도 있지 않습니까?

노동조합의 모든 활동은 집행부의 안이 조합원에게 내려갔다가 다시 집행부로 올라오는 과정을 반복하면서 의견을 집약하는 과정을 거쳐야 할 것입니다. 이러한 과정이 만들어지지 않으면 조합 간부의 대중성은 살아날 수 없습니다. 현장에서 일할 때와 조합 간부로 상근할 때의 느낌이 다르다는 말을 하는 간부가 많은데, 이것은 앞서 말한 과정이 충실하지 못했기 때문에 나타나는 것입니다.

정리해서 말하자면 대중을 신뢰하고 믿을 때, 그리고 대중을 존중하고 확신을 가질 때 대중노선은 가능한 것입니다. 그러자면 집행부의 계획이 평소 실제 활동을 통해서 조합원 대중에게 잘 알려져야 하는 것입니다.

조합원 속에서
단결의 중심을 발견할 것

다음으로 노동조합을 강화하기 위해 조합원들을 잘 조직해야 한다는 것은 두말할 필요가 없습니다. 노동자들이 아무리 다수라 하더라도 조직되지 않으면 힘을 발휘할 수 없습니다. 그런데 회사 쪽에서도 현장을 조직적으로 장악하기 위해 온갖 수단을 다 동원합니다. 요즘 들어 '신경영 전략'의 갖가지 방법을 사용하여 현장 통제를 더욱 강화하고 있습니다. 회사 쪽에서 이렇게 나올수록 노동조합에서는 조합원을 조직하기 위해 더욱 열심히 노력해야 합니다.

조합원들을 효과적으로 조직하기 위해서는 단결의 중심을 찾아야 합니다. 어느 부서에서는 누가 영향력이 있는가, 입사 동기 중에서는 누가 가장 중심적인 인물인가, 향우회 회장은 누구인가, 같은 학교를 나온 사람 중에서 가장 신뢰를 받고 있는 사람은 누구인가 등 각 부분에서 영향력이 있는 중심을 발견하기 위해 노력해야 합니다.

이처럼 간부들은 평소의 공식적인 조직 활동 외에도 현장 내부에서 단결의 중심을 발견하기 위해 노력해야 합니다. 맹목적으로 현장순회만 열심히 해서는 곤란합니다. 조직화와 단결을 효과적으로 강화하기 위해서는 중심 고리를 발견해야 하는 것입니다.

그러기 위해서는 중심이 되는 노동자들을 찾아야 합니다. 중심이 될 수 있는 노동자는 어떤 사람이겠습니까?

선진적인 노동자 또는 열성적인 노동자, 또는 앞으로 간부로 키워야 할 노동자는 어떤 사람인지 살펴봅시다.

우선 거짓이 없는 사람이며, 신뢰가 두터운 사람, 심지가 굳은 사람, 성실한 사람입니다. 이런 사람이 보통 중심이 될 수 있는 노동자입니다. 그래서 우리는 선거를 할 때 주로 이런 사람을 찾게 됩니다.

그런데 이런 사람들 중에는 아주 보수적인 사람들이 있을 수 있습니다. "거짓말을 절대로 해서는 안 된다. 사회주의는 안 돼. 한 푼 두 푼 모아 잘 살아야지"라고 말하는 등 아주 앞뒤가 꽉 막힌 사람들이 있습니다. 그래도 성실한 사람은 발전 가능성이 있습니다. 이런 사람들은 이론이 다소 떨어지고, 사고 방식은 보수적이라 해도 실제 활동을 통해 얼마든지 변화될 수 있기 때문에 중심이 될 수 있는 것입니다.

조합원이 주인인 노동조합

최근 조합원의 입장에서 볼 때, 자기 조합이 민주적인 노동조합인지 어용적인 노동조합인지 판단하기가 쉽지 않습니다. 가끔씩 어떤 간부들은 민주와 어용에 대해 매우 단정적으로 이야기하는 경우가 있는데 이것은 잘못입니다. "1987년 이전의 노동조합은 어용적이고 1987년 이후에 생긴 노동조합은 민주적이다"라는 구분은 아무런 의미가 없습니다. "파업을 해본 적이 없는 노동조합은 어용적인 노동조합이고, 파업을 경험했던 노동조합은 민주적인 조합이다, 직선제를 하면 민주이고 간선제를 하면 어용이다"라는 구분들도 맞지 않는 것입니다.

그렇다면 민주노조의 요건은 무엇이겠습니까? 노동조합은 우선 자주성이 있어야 한다고 합니다. 그렇지만 기업 단위 노동조합에서는 자주성을 확립하기가 매우 어려운 형편입니다. 동일한 결정을 두고서도 자주적 결정이냐 혹은 그렇지 않느냐로 문제가 생기곤 합니다. 예전에는 간선제로 위원장을 뽑거나 또는 노조 집행부가 회사 쪽에 붙어서 뒷거래를 했거나 하면 어용이라는 것이 확실했는데 요즘은 조금 달라졌습니다. 어영부영하면 어용이라고 하면서 '맛이 갔어'라고도 합니다. 그러면 지도부에서는 "기업 단위 노조로서는 어쩔 수 없다"고 하면서 반발하게 되고, 이렇게 되면 사정이 복잡해집니다.

민주적인 노동조합이 갖추어야 할 기본 요건이 있습니다. 조합 기구의 운영이 민주적이어야 합니다. 선거제도, 대의제, 강력한 집행 체제, 그리고 민주집중제가 되어야 하는 것입니다. 최근에 가끔씩 문제가 되는 경우가 대의원의 역할입니다. 대의원은 자신을 활동가로 생각하는 것이 아니라, 삼권분립에 입각하여 집행부를 견제해야 한다고 생각하는 경우가 있습니다. 대의원대회에서 사업 계획과 예산·결산에 대한 심의만 하면 대의원의 역할은 끝나는 것으로 압니다. 이렇게 되면 노동조합이라는 조직에서 중간 허리의 마비 현상이 오게 됩니다.

또한 노동조합의 제반 기관을 민주적으로 운영하더라도 조합원들의 참여 의식이 낮을 때 민주적인 노동조합은 불가능합니다. 그런데 조합원들의 의식은 저절로 계발되지 않습니다. 다양한 일상 활동 즉 조직 활동, 교육 활동, 선전 활동, 조사 활동, 문화 활동 등이 뒷받침되어야 하고, 일상 투쟁이 전개되어야 합니다. 앞서 살펴본 것처럼 현장 활동과 현장 모임을 통해 조합원들의 참여가 이루어져야 합니다. 다른 조직과 연대가 이루어져야 합니다. 그리고 민주노조는 노조 간부와 조합원들 모두가 스스로 규약과 규칙을 준수하는 것을 기본으로 하고 있습니다. 이런 요소들이 민주적인 노동조합에 요구되는 것입니다. 이런 활동들은 권위주의적인 조합에서는 이루어지기가 힘듭니다.

이러한 활동이 뒷받침될 때 민주적인 간부가 되는 것이지, 그냥 "대중성이 있어야 한다. 조합원에 대한 애정이 있어야 한다"고 부르짖는다고 민주적 자세가 갖추어지는 것은 아닙니다. 노조 기구의 민주적 운영을 통해서, 다양한 활동을 통해서, 조합원 대중 속에서 간부들이 열성적으로 활동할 때 민주적인 자세가 확립되는 것이지 처음부터 민주적인 자세를 갖춘 간부가 나오는 것은 아닙니다.

함께 생각해 봅시다

▶ 한 명씩 각자의 의견을 얘기하면서 우리의 생각을 나누어 봅시다. 내가 생각하는 매력있는 간부란?

▶ 나의 장점 10가지를 3분 안에 써서 발표하면서 우리의 매력을 확인해 봅시다.

1.
2.
3.
4.
5.
6.
7.
8.
9.
10.

▶ 대중성과 결단력을 함께 갖춘다는 것은 쉽지 않은 일입니다. 우리의 생각을 통일시켜 봅시다. 대중성과 결단력 중에서 어느 면이 더 중요하다고 생각합니까?

대중성	5	3	1	3	5	결단력

이유 :

___

___

___

___

▶ 조합원과 함께 호흡을 나누는 것도 정도껏 해야 한다고 했습니다. 그러면 조합원들과는 '어느 정도' 어울려야 할까요?

1. 고스톱, 포커   2. 술, 단란주점류
3. PC방   4. 기타 (골프,   ,   )

▶ 내가 함께 얘기하고 싶은 주제

___

___

___

조합원 대중들의 분열은 비할 데 없이 큰 시련이고 고난입니다.
그래서 간부는 우선 분열을 막기 위해 노력해야 합니다.
그러자면 분열의 기미나 소지가 보일 때
그것을 재빨리 파악해야 합니다.
분열은 절대로 어느날 갑자기 생기는 것이 아닙니다.
분열의 요소가 잠재적인 형태로 계속되다가
어떤 계기가 되었을 때 현실로 나타나는 것입니다.

제2장 시련을 이겨내는 간부가 되자

1. 신념과 확신 그리고 투쟁
2. 어려운 고비를 넘기 위해
3. 조합 내부의 분열을 통일시키는 능력
4. 장기 파업을 승리로 이끄는 능력
5. 부당해고와 배치전환을 이겨내는 능력
6. 노동조합의 민주화를 위해 끊임없이 노력하는 간부
7. 조합 활동가로서 갖추어야 할 조건

미리 생각해 보기

▷ 다음에 대해서 생각해 봅시다.

노동조합은 근원적으로 분열의 요소를 안고 있다.

① 그렇다 　　　　　　② 아니다

근거 :

___

___

▷ 간부들의 분열은 왜 발생하는지에 대해 개인의 경험
몇 가지를 바탕으로 정리해 봅시다.

___

___

___

▷ 연대 활동을 잘하기 위한 방법을 두 가지 적어 봅시다.

___

___

___

한송이의 꽃을 피우기 위해 꽃나무는 모진 비바람을 겪어야 하고, 찬 서리도 맞아야 하며 모진 추위도 이겨내야 합니다. 만일 겨울에 이상난동이 계속되어 추위를 겪지 못하면 이듬해 봄에는 병충해가 극성을 부리게 되어 꽃을 피울 수 없게 됩니다. 또한 보리가 잘 자라도록 하려면 추운 겨울에 잘 밟아 주어야 합니다. 보리는 많이 밟아 주면 줄수록 더욱 잘 자라는 것입니다.

 그런데 이러한 일은 사회 현상에도 마찬가지로 적용됩니다. 사회도 그냥 평탄하게 발전하지는 않습니다. 때로는 혁명을 겪기도 합니다. 예를 들면 유럽에서는 프랑스 혁명이나, 영국의 명예 혁명 등이 일어나 사회 발전의 큰 계기가 되었습니다. 그리고 식민지였던 나라에서는 민족해방투쟁이 벌어졌습니다. 이렇게 해서 민족의 동질성과 민족의 긍지 등이 만들어지기도 하고, 이어지기도 하는 것입니다. 그리고 이런 과정을 통해서 발전한 나라들은 그렇지 않은 나라들보다 더욱 건강하고 튼튼합니다.

 노동운동도 역시 마찬가지입니다. 자본주의 사회에서의 노동운동은 체제에 대한 저항운동입니다. 그러므로 노동운동은 고비마다 고난과 시련을 겪을 수밖에 없습니다. 물론 고난과 시련을 직접 겪는 과정에서 간부도 인간이기 때문에 끊임없는 회의와 좌절, 패배감과 허탈감, 절망감 등을 갖게 될 것입니다. 그렇지만 이러한 시련을 극복하는 과정이 없다면 간부들의 단련과 성장도 기대할 수 없습니다. 그래서 시련을 이겨내는 것은 훌륭한 간부가 되기 위한 필수적인 조건인지도 모릅니다.

1. 신념과 확신 그리고 투쟁

 나이 많은 선배 노동운동가 한 분이 계십니다. 지금 70세가 넘은 분인데, 그 분이 노동운동에 투신한 것은 해방 직후인 미군정 시절이었습니다. 따라서 해방 이후의 우리 역사와 마찬가지로, 개인적으로도 여러가지 우여곡절을 겪었습니다. 정치적인 사건으로 구속이 되어 약 20년 정도 징역살이를 하기도 했습니다.

 그런데 이 선배가 50여 년 동안 험난한 길을 걸어오면서 지금까지 지조를 잃지 않고 버티게 한 힘이 있을 것입니다. 그것은 바로 역사 발전에 대한 신념과 확신일 것입니다. 노동자들이 사람답게 살 수 있는 세상, 노동자들이 활개치고 행세할 수 있는 세상에 대한 신념과 인간이 인간답게 살 수 있는 세상이 자기 대에는 이루어지지 않는다 하더라도 언젠가는 반드시 올 것이라는 역사에 대한 확신입니다. 이것이 지금까지 이 선배가 험난한 생활을 견디어 올 수 있었던 동력일 것입니다.

또 이 분은 굉장히 겸손합니다. 그리고 평소에 의문을 가졌던 문제에 대해서는 후배에게라도 반드시 물어 봐서 의문을 풀려고 노력합니다. 그리고 무척이나 부지런하십니다. 누가 불행한 일을 당했거나 또는 모임이 있으면 천리 먼길도 마다 않고 반드시 달려갑니다. 이런 것이 기나긴 고난과 시련의 세월 속에서도 쭉 지조를 지켜오게 한 힘일 것입니다.

그리고 우리들이 자주 만나는 70년대 민주노조운동을 했던 사람들이 있습니다. 험난했던 70, 80년대를 거쳐왔기 때문에 거의가 한 번 이상은 다 감옥에 갔다 왔습니다. 그리고 지금은 50대 초반이 되었으면서도 여기 저기에서 열심히 활동을 하고 있습니다.

또한 지금 민주노조운동의 중심적인 위치에 있는 사람들을 봅시다. 노동조합운동에 처음 뛰어들었을 때는 대부분 아주 어설프고 아무 것도 몰랐을 것입니다. 그런데 지금은 어떻습니까? 대부분의 간부들이 10여 년 정도의 짧은 기간이지만 많은 투쟁을 거치면서 몰라보게 발전하였습니다. 노동자적인 품성, 노동자에 대한 열정, 그리고 동료애 등이 이러한 성장을 가능하게 한 것입니다.

이런 사실들에 비추어 볼 때, 노동조합 간부나 노동운동가는 투쟁 속에서 단련되고 육성된다는 것을 알 수 있습니다.

고용허가제를 반대하는 외국인 노동자들. 〈노동과세계〉

2. 어려운 고비를 넘기 위해

 노동조합 간부들이 행하는 투쟁이나 활동은 반드시 평탄하지만은 않습니다. 오히려 어려운 고비가 더 많을 수 있습니다. 그런데 이런 어려운 고비를 만날 때마다 노동조합 간부들이 취하는 자세는 크게 세 가지 정도로 나누어 볼 수 있습니다.

 하나는 상대방을 너무 크게 평가해 패배주의에 빠지는 경우입니다. 사용자나 권력을 가진 사람들의 존재를 아주 크게 보면 패배주의에 빠지게 됩니다. 70년대와 80년대는 암울했던 시대였습니다. 70년대는 박정희 군사독재 정권의 유신 치하였습니다. 그래서 헌법은 있지만 아무런 힘을 발휘하지 못했습니다. 그러다가 10·26이 터지면서 잠깐 동안 탄압이 이완되었는데, 급기야 12·12 사태,

5·17 쿠데타가 일어나면서 더 가혹한 탄압이 가해졌습니다. 그리고 전두환 정권 이후에는 노태우 정권, 그 이후에는 김영삼 정권, 김대중 정권이 들어서게 됩니다. 이렇듯 통제나 탄압이 끊임없이 지속되는 과정 속에서 상대방이 굉장히 큰 것으로 생각될 수 있는 것입니다. "김대중은 오랜 기간 민주화투쟁을 벌인 사람이다. 이제 도와주어야 하지 않겠는가" 하면서 투쟁에서 이탈해 가는 사람도 있습니다.

두 번째는 '설마 어떻게 되겠지'라고 하면서 아무 일도 안 하는 것입니다. 무사안일주의입니다. 이렇게 되면 노동조합운동은 퇴보할 수밖에 없고, 다수의 노동자들로부터 고립될 수밖에 없습니다. 왜냐하면 아무리 어려운 조건에서도 조합원이나 노동자들의 요구는 계속되기 마련이고, 그들의 조건이나 의식은 계속 변화하기 때문입니다. 이것은 1987년 7·8·9월 투쟁 직후에 과거의 무사안일한 노동조합들이 얼마나 무기력했는지를 보면 잘 알 수가 있습니다.

마지막으로는 "상대방도 항시 완벽한 것은 아니다. 약점은 있을 수 있다"는 생각을 갖고 적극적으로 현실에 대응하는 것입니다.

김대중 정권이 경제위기 상황에서 집권하면서 IMF 체제의 극복을 최대의 과제로 내세웠습니다. 김대중 정권은 위기를 기회로 삼자며 한국 사회를 근본적으로 개혁할 것처럼 이야기했습니다. 그 결과 김대중 정권은 위기를 극복할 구세주처럼 인정받으며 집권 초기 지지율이 90%를 상회할 정도였습니다.

그러나 지금 어떻습니까? 이른바 개혁을 둘러싸고도 그 내부의 갈등이 심각합니다. 그리고 신자유주의 정책을 펼치면서 결국 빈부의 격차는 훨씬 더 심각해지고, 사회 정의와 공정한 분배의 실현은 요원해지고 있는 형편입니다. 집권 2년째인 지금에 와서 김대중 정권의 지지율은 급격하게 하락하고 있습니다. 반면에 이른바 '민주적 시장경제', '생산적 복지' 등 현 정권의 정책은 분명히 허구성과 한계를 갖습니다만, 여러가지 정책적인 측면에서 그 이전 정권과는 다른 모습을 보이고 있습니다.

이런 점을 잘 파악한다면 우리 쪽에서 활용할 수 있는 점도 많이 생길 수 있을 것입니다. 이처럼 현 정권이 펼치는 정책의 내부를 잘 살피면 정권의 근본적인 모순과 정책상의 약점이 군데군데 있음을 발견할 수 있습니다.

그리고 노동운동 쪽도 단위 노조의 운영에서부터 그룹

차원이나 지역 차원, 업종 차원의 조직 내부를 잘 진단해 보면 허점도 많지만, 강점도 많은 편입니다. 조합원 대중의 투쟁 열기는 굉장히 높은 편입니다. 그래서 상대방의 모순이나 약점을 잘 진단하고, 이쪽의 강점을 최대한 잘 조직해서 투쟁을 조직하면, 승리는 우리 것이라고 할 수 있습니다.

대체로 이런 세 가지 정도의 갈래를 지울 수 있을 것 같습니다. 우리는 상대방의 모순을 잘 파악하고, 우리의 장점을 잘 조직해서 적극적으로 현실에 대처하는 낙관적이고 통 큰 간부가 되어야 합니다. 이러한 간부를 대중들은 신뢰하고 따르게 됩니다. 지도부가 항상 나약하고, 안 되는 것만 생각하고, 경우에 따라서는 무사안일식으로 되고, "뭐 우리만 그런가"라고 하면서 모든 것을 세월에 맡겨 버린다면 대중들이 신뢰하지 않을 것입니다. 집에서도 마찬가지입니다.

가장노릇을 하는 사람은 바깥에서 웬만한 괴로운 일이 있어도 가족들에게 쉽게 이야기하지 않습니다. 이야기해 봐야 해결되지도 않고, 오히려 걱정만 안겨다 주기 때문입니다. 그래서 항상 먼저 고민하고 해결 방안을 찾아 가족들에게 걱정을 끼치지 않기 위해 노력합니다. 그러다 보니 어쩔 수 없이 강한 가장이 될 수밖에 없습니다. 그것이 자기 책임이기 때문입니다.

이처럼 노동조합 간부들도 책임감을 가져야 합니다. 단지 마음속으로만이 아니라, 실제 활동 속에서 책임 있게 행동해야 합니다. 그래야만 대중이 신뢰할 것입니다.

그런 점에서도 고난과 시련에 강한 간부가 되어야 합니다. 그러면, 시련을 이겨내는 간부가 되기 위해서는 어떻게 해야 하는가? 이것을 몇 가지로 나누어 살펴보는 것으로 하겠습니다.

3. 조합 내부의 분열을 통일시키는 능력

아군 속에 적을 만들지 말고
적군 속에 아군을

노동조합 간부로서 가장 큰 시련은 내부에 분열이 일어나고 파벌간에 아주 큰 갈등이 있을 때입니다. 어떻게 보면 이보다 더 큰 시련도 없을 것입니다. 사용자와의 싸움은 어렵더라도 내부적인 결속만 유지된다면 그런 대로 신바람이 나겠지만, 투쟁도 하기 전에 내부적으로 분열이 생기게 되면 굉장히 어렵게 됩니다.

그래서 노동운동에서는 흔히 '아군 속에 적을 만들지 말고, 적군 속에 아군을 만들자'고 말합니다. 이 말은 투쟁에서 가장 기초적인 원칙입니다. 그런데 이것이 어떻게 보면 상식적인 말 같지만, 그리 쉬운 일은 아닙니다.

한 자동차를 제조하는 회사의 노동조합에서 선거가 있었는데, 이른바 민주파가 2차 투표에서 승리를 거두었습니다. 그런데 선거 과정에서는 전 집행부가 잘못된 행동을 많이 했습니다. 투표함을 깨부수어 1차 투표가 무산되는 일까지 벌어졌습니다. 그리고 회사측도 민주파에 대해서 엄청난 흑색선전과 부당노동행위를 자행하였습니다. 이런 조건에서 새로 당선된 민주파 쪽 사람들이 집행부를 꾸리기 위해 25명 정도가 참석한 수련회를 갖게 되었습니다. 그 자리에서 쟁점으로 떠오른 것이 "전 집행부에 대해서 본때를 보여 주어야 한다, 어떻게 하면 좋겠는가" 하는 것이었습니다. 제3자가 보면 보복 같지만, 지금까지 너무 심하게 당해 왔다는 것입니다. 그 때 누군가가 이런 말을 했습니다. "그 친구들 아주 괘씸합니다. 사용자보다 더 괘씸할 수도 있습니다. 조합원 대중을 빌미로 해서 무법천지로 만들고, 완전히 조합원을 짓밟고 조합원의 권리를 차단시킨 만고역적이나 같습니다."

전후 사정으로 봐서 말하는 사람의 심정을 이해할 수 있을 것 같았습니다. 그런데 앞으로 노조 집행부가 노조 활동을 하는 데서 다음 중 어떤 점이 유리할 것인가를 생각해 봐야 할 것입니다. 저 사람들이 회사측에 완전히 붙는 경우, 회사측에도 붙지 않고 노조 활동에도 적극적이지 않으면서 중간에 서 있는 경우, 저 사람들이 우리의 설득에 의해 집행부에 완전히 포용되는 경우, 어느 것이 가장 일하기가 쉽겠습니까? 이 쪽에서 보복한다는 인상을 자꾸 주어서 상대방을 사용자 쪽으로 붙게 한다면 조합원이 현 집행부를 바라보는 시각도 그리 좋지 않을 것입니다.

간부들의 단결은
분열의 예방책

 분열 중에서 가장 큰 것이 간부들의 분열입니다. 작은 분열도 조합원들에게는 굉장히 크게 비치고, 곧 수습될 수 있는 분열도 매우 큰 혼란으로 비칩니다. 그래서 간부들의 분열은 바로 조합원들의 분열을 초래하는 중요한 요소라고 할 수 있습니다. 조합원의 분열을 예방하기 위해서도 간부들이 먼저 단결해야 합니다.
 이를 위해서는 무엇보다도 간부들은 어떤 사안이든지 각자 자기의 생각을 솔직하게 얘기할 수 있어야 합니다.

마음속에 있는 생각 따로, 말하는 내용 따로일 경우 그 틈바구니가 바로 분열의 요소가 되는 것입니다.

두 번째로는 충분히 토론하는 것입니다. 주요 사안에 대한 대응 방법을 놓고 입장의 차이는 생기게 마련입니다. 원칙을 더 강조하는 의견과 현실성을 더 강조하는 의견으로 나뉘어지게 됩니다. 찬반의 두 개의 의견을 놓고 하나를 결정하는 식이 아니라, 각각의 의견에 대한 근거를 충분히 토론하다 보면 반드시 원칙을 훼손하지 않으면서도 현실적인 안으로 좁혀질 수 있습니다.

이렇게 되려면 평소에 노동운동의 이론에 대한 집단 학습이 꾸준히 이어져야 합니다. 같은 교재를 가지고 서로 발제하고 토론을 해 보면, 강조하는 점이 서로 다르고, 토론하고 싶은 주제가 서로 다름을 알 수 있습니다. 이를 통해 자신이 미처 생각하지 못했던 여러가지 생각들을 동료들을 통해 확인하면서 서로에 대한 신뢰를 쌓아 갈 수 있는 것입니다. 또한 토론을 통해 사안을 보는 시각의 차이를 점차 좁혀 나갈 수 있는 것입니다. 이처럼 평소의 집단 학습은 간부들의 분열을 사전에 예방할 수 있는 꼭 필요한 기본 활동인 것입니다.

마지막으로 간부들의 인간적인 끈끈한 관계가 기초가

되어야 합니다. 집행부가 구성될 때 처음부터 잘 알던 간부도 있겠지만, 그렇지 못한 경우도 매우 많습니다. 소위 연합 집행부의 경우에는 더욱 그럴 것입니다. 이런 경우에는 조합원 분열의 소지가 더욱 클 것입니다. 이를 사전에 막기 위해서도 앞서 얘기한 꾸준한 집단 학습과 함께 인간관계를 돈독히 하기 위한 노력이 필요합니다.

가장 쉽고 좋은 방법은 가끔 가족을 동반한 자리를 만들어 보는 것입니다. 노조 활동에서는 볼 수 없었던 자식으로서, 부모로서, 남편과 아내로서의 또 다른 동료들의 모습 속에서 서로 처지가 비슷하다는 것을 확인할 수 있을 것입니다. 이런 모임은 서로에 대한 이해도 더욱 깊어지게 할 수 있을 뿐만 아니라 가족에게도 노조 활동에 대한 이해의 폭도 넓힐 수 있어서 일석이조가 아니겠습니까?

또한 자신을 되돌아볼 수 있고, 상대방을 깊이 이해할 수 있는 인간관계훈련이나 인성개발훈련 프로그램을 간부들이 함께 진행할 수도 있을 것입니다. 간부들의 인간적 관계는 단결의 기본 요소입니다. 이를 위해서도 일종의 투자가 필요한 것입니다.

분열 요소를
빨리 포착

조합원 대중들의 분열은 비할 데 없이 큰 시련이고 고난입니다. 그래서 간부는 우선 분열을 막기 위해 노력해야 합니다. 그러자면 분열의 기미나 소지가 보일 때 그것을 재빨리 파악해야 합니다. 분열은 절대로 어느 날 갑자기 생기는 것이 아닙니다. 분열의 요소가 잠재적인 형태로 계속되다가 어떤 계기가 되었을 때 현실로 나타나는 것입니다. 그래서 분열의 소지가 보일 때는 재빨리 그것을 없애야 합니다.

노동조합은 대중조직이기 때문에 분열될 요소가 항상 내재되어 있습니다. 직종간의 갈등, 부서간의 갈등, 남녀간의 갈등, 근속연수가 많은 사람과 적은 사람간의 갈등 등이 그것입니다. 사용자들은 직종간, 부서간, 남녀간에 따른 차별을 만들어 낸다는 점에서 분열의 소지를 제공하고 있을 뿐만 아니라, 그런 분열을 끊임없이 조장합니다. 그런 점에서 분열의 근본 원인은 사용자에 있다고 할 수 있습니다.

분열의 소지를 빨리 파악하자면 어떻게 해야 하겠습니까? 조합원들의 표정 하나 하나를 정확히 파악해야 합니다. 일하는 부서에서 같이 생활하는 조건에서는 그런 기미들을 잘 파악할 수가 있을 것입니다. 그러나 상근하는 간부들은 목적의식적으로 조합원들을 파악하지 못하면 이런 것을 놓칠 수가 있습니다. 그리고 간부들이 조합원 대중들과 떨어져 있을 때나 집행부와 조합원간에 직접적인 통로가 막혀 있을 때는 이러한 기미를 재빨리 파악할 수가 없습니다. 그래서 이러한 것을 재빨리 파악하기 위해서는 조합원과 밀착되도록 노력을 해야 합니다. 그렇지 않을 때는 분열이 상당한 정도로 진전이 될 때까지 모를 수밖에 없습니다.

다음으로 우리는 노동조합 활동을 하면서 '감'이라는 말을 많이 듣습니다. '감이 안 좋다, 좋다'라는 말들을 많이 합니다. '감'이라는 말은 어찌 보면 주관적이고 비과학적일 수도 있습니다. 그러나 '감'이라는 것이 반드시 비과학적인 것만은 아닌 것을 알 수 있습니다. 상당히 오랜 경험이 뒷받침되고 있고, 경우에 따라서는 이론적인 뒷받침을 갖기도 합니다. 권투 선수가 본능적으로 주먹을 뻗는 것도 이론적 기초 위에서 훈련으로 숙달된 결과입니다. 그래서 노동조합운동을 하는 데도 '감'을 상당히 예민하게 발달시킬 필요가 있습니다.

분열의 진원지에 대한 파악

분열이 생겼을 때는 반드시 그 진원지가 있게 마련입니다. 분열을 조장하는 중심이 있다는 것입니다. 조합원 내부를 결속시키고 단결력을 강화하는 데도 중심적인 사람들을 포착해야 하듯이, 분열이 생길 때도 분열을 조장하는 중심적인 인물을 정확히 파악해야 합니다.

그런데 노동조합 간부들 중에는 이러한 중심적인 인물을 보고 "그 친구 별거 아니야, 조합원들에게 별 인기가 없어"라고 말하는 경우가 있습니다. 그런데 자세히 보면 그렇게 호락호락하지만은 않습니다. 보통 실리적인 노동조합 간부들이 개인적으로는 아주 매력적인 경우가 많이 있습니다. 어떤 면에서는 인간적으로도 굉장히 열성적입니다. 마찬가지로 분열을 조장하고 회사측 앞잡이이기 때문에 별로 인기가 없을 것처럼 보이지만, 실제로는 그 주변에 사람들이 꽤 많이 몰려 있는 것을 볼 수 있습니다.

그 이유는 두 가지입니다. 하나는 자본의 힘, 또는 권력의 힘이 뒷받침되고 있기 때문입니다. 결국 개인이 아닌 것입니다. 두 번째는 이런 사람일수록 인간적인 결합력도 강하고, 인간적인 결합을 위해 계획적으로 노력합니다. 술을 사 주든지, 취미 생활을 같이 한다든지 하여 그 주변에 사람들을 많이 모이게 합니다. 민주노조 간부들이 보기에는 이런 사람들이 별것 아닌 것처럼, 즉 술꾼이나 노름꾼으로 볼 수 있습니다. 이렇게 분열을 조장하는 사람들은 이러한 일들을 아주 계획적으로 하고, 그 결과 개인적으로도 아주 친화력이 있고 열성적입니다.

그런데 조직 내부의 분열은 대부분의 경우 자본이 뒷받침하고 있고, 분열의 중심이 되는 사람의 개인적인 이해 관계가 걸려 있습니다. 돈 몇 푼을 받아먹기 위해서만이 아닌 경우가 많습니다. 2년 또는 3년 뒤에 다시 위원장에 복귀하는 사람이 있고, 그런 사람이 위원장 자리를 상당히 오래 유지하는 것을 보면 잘 알 수 있습니다. 그래서 분열은 상당히 오래 갈 수도 있고, 또한 한 번 분열이 생기면 감정적인 대립까지 생길 수 있기 때문에 수습하는 데 상당한 노력이 필요합니다.

그렇기 때문에 분열을 조장하는 사람을 과소평가해서는 안 됩니다. 감정적으로 파악해서도 안 됩니다. 정확하게 판단하고 그 사람에 대해 대처 방법을 찾아야 합니다.

조직의 통일을 위한 설득과 비판

 분열을 조장하는 사람은 자기의 이해 관계가 걸려 있기 때문에 드러내 놓고 활동을 못합니다. 조합원 앞에 나올 때는 무언가 떳떳하지 못한 표정을 짓게 됩니다. 일반 조합원은 통일을 바라고 있다는 것, 분열을 조장하는 사람은 무언가 떳떳하지 못하다는 것, 바로 이점이 분열된 노동조합이 다시 통일될 수 있는 바탕이 됩니다.

 다음으로 분열을 조장하고 있는 사람에 대하여 설득과 비판을 끊임없이 해야 합니다. 경우에 따라서는 대중으로부터 고립시켜야 합니다. 이렇게 되면 이 사람은 두 가지 중 하나를 선택할 것입니다. 설득이 되든지 아니면 죽기 살기로 자기 위치를 고수할 것입니다. 그렇지 않으면 직장을 떠나야 할 것입니다.

 그런데 그를 간부로 선출한 조합원의 자각 정도를 무시한 비판은 통일을 쟁취하는 데 아무런 도움이 되지 않습니다. 비판할 경우는 노동자의 이익을 옹호한다는 견지에서 비판해야 합니다. 또한 조합원들을 배반한 확고한 증거를 제시하여 단결과 통일을 파괴하는 자임을 입증할 수 있어야 합니다. 절대로 조합원들에게 파벌간의 세력 다툼이나 '자리' 다툼으로 보여서는 안 됩니다.

또한 분열을 해소할 수 있는 요소는 조합원들의 요구의 통일입니다. 직급간, 직종간, 부서간 분열의 요소로부터 공통의 요구를 찾아내어 분열을 수습해 나가야 됩니다. 따라서 여러 파벌로 나뉘어져 있는 노동조합의 경우에 각 파벌의 이해를 적절히 절충하는 것을 통해서 통일 단결을 이루려 하기보다는, 노동자들의 절실한 요구를 기초로 하여 통일 단결을 요구하고 그것을 획득해 내도록 해야 합니다.

이런 과정에서 노동자의 절실한 요구 해결을 위한 통일 단결을 반대하는 세력은 '분열주의자'의 모습으로 노동대중 앞에 낱낱이 폭로될 것입니다. 그것이 무서워서라도 그들은 어쩔 수 없이 통일 단결의 대열에 일정 정도라도 합류하게 될 것입니다. 따라서 요구에 기초한 통일이야말로 분열을 타파할 수 있는 지름길입니다.

그런데 일부의 간부들은 노동자의 단결이 잘 안 된다고 초조하게 생각하여 성급한 방법을 찾으려 하는 경우가 있습니다. 특히 이러한 태도는 이제 노동조합 활동을 시작하려는 초급 간부들에게 많이 나타납니다. 이러한 것은 노동자의 통일 단결을 더욱 어렵게 하는 행동일 수가 있습니다.

따라서 시간이 걸린다 하더라도 초조하게 생각하지 말고 끈질기게 노력해야 합니다. 그래야만 분열이 수습되었을 때 교훈을 찾을 수 있게 됩니다. 그 동안에 겪었던 간부들의 노력, 그리고 그 성과 등이 큰 경험으로 쌓이게 되는 것입니다.

4. 장기 파업을 승리로 이끄는 능력

낙천적인
간부가 되어야

　조합 간부들이 자주 부닥치는 어려움은 파업이 장기화될 때입니다. 장기적인 파업의 경우에 내부적인 갈등이나 개인적인 어려움 등을 많이 경험하게 됩니다. 그리고 반드시 이길 수 있다는 보장도 없습니다. 패배했을 때는 엄청난 후유증이 따르기도 하고, 많은 희생자들이 나오기도 합니다. 해고자가 나오고, 많은 조합원들이 감옥에 가기도 합니다. 일반 조합원들도 상당한 정도로 패배주의에 빠지게 됩니다.

　우리 주변에는 1년 이상을 투쟁한 경우도 있습니다. 삼미특수강 노동조합이나 현대중기 노동조합 같은 경우가 그렇습니다. 이런 장기적인 투쟁 속에서 간부들의 일거수일투족은 조합원들에게 참 중요합니다. 간부들의 의지와 행동, 표정 하나 하나가 조합원들에게는 바로 거울이 되는 것입니다. 그러면 이럴 때 가장 필요한 것이 무엇이겠습니까?

노조 간부들의 낙천성입니다. 이러한 낙천성이 없으면 안 됩니다. 투쟁 과정 속에서는 간부들이 승리에 대한 확신을 공유하고 있어야 합니다. 그리고 냉정해야 합니다. 그렇지 않고서는 이런 장기 파업을 끌고 나갈 수가 없습니다.

또한 주도면밀해야 합니다. 노조 간부들은 최악의 경우가 닥쳤을 때 어떻게 할 것인가에 대한 사전 준비를 미리 해야 합니다. 실제로 투쟁하는 과정에서 최악의 경우에 부닥쳤던 노동조합이 한두 군데가 아닙니다. 위장 폐업을 한 이후에 지금까지 문을 안 열고 있는 크라운전자, 직업병 문제로 몇 년 동안 투쟁한 원진레이온 같은 곳이 그렇습니다.

그런데 최악의 경우를 당했을 때, 즉 공장 문을 닫았을 때 대처하는 방식은 크게 두 가지로 나눌 수 있습니다. 크라운전자처럼 계속 투쟁하여 노동조합 간판을 유지하면서 다양한 활동을 하고 있는 곳이 있는 반면에, 퇴직금 정도를 받고 뿔뿔이 흩어지는 경우도 있습니다. 똑같은 경우인데도 이렇게 차이가 납니다. 이것은 노조를 이끌어 가는 간부들이 최악의 경우가 닥치더라도 결코 절망하지 않고 그에 대비했느냐 그렇지 않았느냐에 의한 것입니다.

원칙을 견지하되 유연해야

그리고 장기 쟁의에 돌입하게 되면 간부 및 활동가는 사태의 변화에 따라 일희일비하는 일이 없이 대국적으로 자본의 공격을 물리치는 낙천성을 가져야 합니다. 며칠간의 파업이라 할지라도 그 동안 상황은 수시로 변하기 마련입니다. 좀 좋아 보이다가 나빠지기도 합니다. 반대로 나빠 보이다가 상황이 아주 좋아지기도 합니다.

그런데 이럴 때마다 노조 간부들이 동요를 하게 되면, 그 투쟁은 벌써 실패했다고 할 수 있습니다. 항상 변할 수 있는 사태에 대하여 냉정하면서도 민감하게 대처하지 않으면, 능히 이길 수 있는 힘이 있음에도 불구하고 패배할 수밖에 없습니다. 그러므로 사태의 변화에 따라 크게 동요해서는 안 됩니다. 항상 냉정한 입장에서 상황 변화를 따져 보지 않으면 안 됩니다.

이러한 장기 파업에는 '무조건 앞으로 나간다'는 것만으로는 안 됩니다. 원칙과 더불어 유연성이 있어야 합니다. 1993년 현총련 투쟁에서 이러한 유연성을 보여줬습니다. 특히 전면 파업에서 부분 파업으로 바꾸는 것은 대부분 어려운 것으로 생각했는데, 현총련 투쟁은 이것이 가능하다는 것을 보여주었습니다. 조합원 대중들의 민주적인 토의를 통해서 그런 것이 가능했던 것입니다. 따라서 원칙을 견지하되 탄력성과 유연성이 발휘될 수 있어야 합니다.

5. 부당해고와 배치전환을 이겨내는 능력

　노동조합 간부들이 겪게 되는 어려움 중의 하나가 해고와 배치전환입니다.

　먼저 노동조합 활동을 하다가 해고당한 노동자들의 수가 6공화국 출범 이후에 5천2백20명입니다. 이것은 전세계적으로 유례를 찾기 힘든 숫자입니다. 어떻든 해고를 당한 개인들은 말못할 어려움을 겪게 됩니다. 그래도 조합 사무실 출입이 자유롭게 이루어지는 곳은 괜찮은 편입니다. 조합의 집행부가 외면하고, 조합 사무실 출입도 못하는 경우는 매일 함께 일하던 동료들로부터 떨어져 있게 되어 더욱 고통스럽습니다. 생활이 어렵더라도 수당이라도 일정하게 나오고, 조합 활동에 참여할 수가 있다면 그래도 괜찮은데, 그렇지 못한 경우가 더 많습니다. 우선 가족들 보기가 참 미안합니다.

그런데 노동조합 활동을 하다 해고되는 경우는 앞으로 좀 줄어들지는 몰라도 완전히 없어지지는 않을 것입니다. 이러한 해고자들은 정도의 차이는 있지만 어느 사회에나 있게 마련입니다. 투쟁이 반드시 합법적인 법 절차 안에서만 이루어지는 것이 아니기 때문입니다. 그리고 사용자들도 무슨 구실이든 붙여서 일단 해고를 시키려 합니다. 나중에 복직을 시키더라도 일단은 격리시키겠다는 생각을 하는 것입니다.

해고자의 숫자가 몇 천 명이 되면 이제 해고자 문제는 단위 기업의 문제가 아니라 사회적인 문제로 되고, 그 해결도 정치적인 성격을 띠게 됩니다. 그리고 해고자를 줄이는 것이나 노동조합 활동을 하다가 해고된 사람들을 원상회복시키는 것은 노동조합운동의 발전과 직결됩니다. 예를 들면, 노동조합이 힘이 강할 때는 해고자 수가 대폭 줄어들고, 힘이 약할 때는 아주 늘어나게 됩니다. 특히 1989년 공안정국 이후 몇 년 동안 해고자 숫자가 많이 늘어났습니다. 노동조합이 정부와 자본에 밀리는 상황에서 이런 해고 사태가 나오기 시작한 것입니다. 이처럼 해고 및 복직은 노동조합운동의 진전과 상호 긴밀하게 연결되어 있는 것입니다.

따라서 해고자의 복직투쟁은 노동운동의 발전을 통하지 않고는 성공할 수가 없습니다. 해고자들은 복직을 위한 출근투쟁을 비롯해서 실력행사나 농성투쟁, 공동투쟁, 정치투쟁뿐만 아니라 노동운동의 발전을 위한 다양한 노력을 벌여야 할 것입니다.

복직투쟁의 성패는
현장동료와의 결합

그런데 복직투쟁을 할 때 법정투쟁에만 매달리는 사람이 있습니다. 그러나 법정투쟁만 가지고는 복직을 쟁취하기는 어렵습니다. 법원에서 복직 판결을 받았는데도 회사측에서 안 받아들이는 것을 보더라도 이러한 투쟁의 한계가 그대로 드러납니다. 따라서 법정투쟁을 무시해서도 안 되지만, 이것만 가지고는 절대 복직할 수가 없다는 사실을 명심할 필요가 있습니다. 그러면 어떻게 해야 하겠습니까?

우선 출근투쟁을 위시한 복직투쟁의 성패는 현장 동료

들의 투쟁과 어느 정도 결합하느냐, 그리고 그 노동조합이 해고자 복직을 위해서 어느 정도 앞장서느냐 하는 것과 직결됩니다. 그런데 많은 경우 이 과정에서 갈등을 겪게 됩니다. 해고자의 입장에서는 "민주집행부라고 하면서 왜 해고자 문제에 적극 나서지 않느냐"면서 좀더 집행부가 적극적이기를 바랍니다. 반면에 집행부 입장에서는 "해고자 문제가 중요하지 않은 것은 아니지만, 우선 내부 정비가 시급하기 때문에 이것부터 해야 할 것 아니냐"라고 얘기합니다. 여기서 견해 차이가 나올 수 있습니다.

그런데 노동조합이 해고자 문제를 완전히 외면하면 어떻게 해야 하겠습니까? 그렇게 되면 복직투쟁은 큰 발판을 잃게 되는 것입니다. 이제 남는 문제는 현장 동료들과의 관계입니다. 동료들이 현장투쟁을 통해서 노동조합으로 하여금 복직투쟁에 앞장서도록 하지 않으면 안 됩니다. 그래서 해고자들은 현장 동료들과 더욱 밀착되어야 하는 것입니다. 요컨대 노동조합이 민주적으로 강화되어 그 노동조합이 적극적으로 원상회복 투쟁을 벌이는 것이 복직투쟁에서도 가장 중요한 요소라는 사실을 기억해야 할 것입니다.

배치전환에 대한 대응

다음에는 전출이나 배치전환에 대하여 살펴보겠습니다. 이런 문제에 대응하기도 그리 쉽지 않습니다. 해고를 시키는 게 아니라 부서이동을 시키는데 안 가면 정말 해고를 시킬 것이고, 부서이동에 따르자니 창피하고 그래서 어떻게 해야 할지 판단을 못하는 수가 있습니다. 어느 노동조합의 경우에 대의원 한 사람이 근무성적 불량으로 전출을 당한 적이 있습니다. 집행부 입장에서는 나 몰라라 하고 있을 수도 없습니다. 조합원들이 "뭐하고 있느냐, 대의원이 전출 당했는데 노조탄압 아니냐"라고 말합니다. 그런데 대응하자니 어떻든 명분이 좀 약합니다. 그래서 이러지도 저러지도 못하고 우왕좌왕한 경우가 있습니다.

그런데 부서이동, 배치전환, 전출의 문제에서 명심해야 할 것은, 그것이 부당하다는 것이 조합원들을 비롯해서 누가 보아도 분명해야 한다는 사실입니다. 개인적인 잘못이 상당히 있는데, 대의원 또는 노조 간부가 당했다고 해서 그것을 부당노동행위라고 주장하게 되면, 조합원들이 의아해 하게 됩니다. 그래서 반대하는 이유와 회사측 행위의 부당성은 누가 보아도 분명히 알 수 있도록 해야 되는 것입니다.

간부의 처지에서도 조합원들이 분명히 부당하다고 인정하지 않을 때는 반드시 특정 부서에서 활동할 것을 고집할 필요는 없습니다. 다른 부서에 가서 활동을 열심히 할 수도 있습니다. 그것이 지는 것은 아닙니다. 그런 과정을 통해서 조합원들과 좀더 밀착될 수도 있고, 많은 경험을 쌓게 되기도 합니다.

어느 노동조합의 현 위원장은 해고당했다 복직하고서 그룹 회장의 개인 비서까지 지내고 나서 원직에 복귀했습니다. 그런 과정에서 외국도 다녀 보고 다른 계열사도 가보고 해서, 나중에 그것이 위원장 역할을 하는데 일정한 도움이 되었다고 합니다. 5만여 명 정도의 조합원이 전국에 흩어져 있는 한국통신의 경우에도 민주노조를 건설하기 위한 노력이 매우 오랜 기간 펼쳐졌습니다. 사측에서는 활동가들을 조합원과 분리시키기 위해 전국 각 지역으로 배치전환 시켰습니다. 그런데 활동가들은 그것이 오히려 조합원들을 조직하는데 아주 유리하다고 판단하면서 배치전환을 받아들였고, 그 결과 조직 기반을 넓히는 좋은 계기로 활용하였습니다.

그런데 배치전환이나 부서이동을 무조건 받아들이자는 것은 아닙니다. 그것이 부당할 때는 그 부당성에 대한 근거를 명확히 부각시키면서 투쟁해야 한다는 것이고, 불가피할 때는 무조건 반대만 할 것이 아니라, 차선책을 강구해 보는 것도 필요하다는 것입니다. 다른 부서에도 분명히 노동조합의 주인인 조합원들이 있기 때문입니다.

2003년 교사대회. 〈전교조〉

6. 노동조합의 민주화를 위해
   끊임없이 노력하는 간부

 여기서 말하고자 하는 민주적이지 못한 노동조합이란 회사측의 노무관리 부서 이상으로 조합원들에 대해 억압적인 노동조합을 말합니다. 그리고 이른바 어영부영 하는 노동조합과 노사협조주의적인 노동조합도 포함하고 있습니다. 이런 노동조합에 대해서는 조합원들의 불만이 높을 수밖에 없습니다.

 그런데 이처럼 비민주적인 노동조합이 있는 곳에서 활동하는 간부들이 간혹 이렇게 생각하는 경우가 있습니다. "그런 어용노조에 있을 필요가 뭐 있어, 노동조합 탈퇴하자. 대의원이고 상집이고 일체 거부해야 한다. 너희들끼리 잘 해봐라"라고 하는 것입니다. 그리고 "우리끼리 민주노조건설 추진위원회민노추나 민주노조실천 노동자회민실노 등을 만들면 된다"고 생각하기도 합니다.

그런데 이것이 올바른 생각이겠습니까? 현재 집행부가 비민주적이라고 해서 조합원들 모두가 민노추나 민실노를 무조건 지지해 주겠습니까? "그건 너무 한 것 아니냐"는 의견도 충분히 나올 수가 있습니다. 민주파에서 아무리 어용이라고 해도, 현 집행부가 일정 정도 조합원들의 지지를 얻고 당선되었기 때문입니다. 그래서 어떻든 탈퇴하기도 어렵고, 집행부에 들어가자니 이완용이 되는 것 같고, 안 들어가자니 조합원들과의 접촉 범위가 굉장히 좁아지고, 다른 조직을 만들자니 "저 사람들 후보를 냈다가 괜히 떨어지고 나니까 파벌을 만들려고 한다"라는 비난을 받을 것 같고 등등 활동하는데 많은 어려움과 혼란이 따릅니다.

반면에 조합 활동에 참여를 하면서도 집행부에 대한 공격으로만 시종일관하는 경우가 있습니다. 그러한 활동 방식은 조합원들의 입장에서 볼 때는 생트집을 잡는 것처럼 보일 수도 있습니다. 임금인상이 끝나면, "임금이 왜 이 정도밖에 안 올랐느냐", 단협이 끝나면 "왜 협약 내용을 이 정도밖에 못 고쳤느냐", 파업을 안 하면 "왜 파업을 안 하느냐"고 하면서 사사건건 트집을 잡는 경우가 있습니다. 이것도 올바른 방법이 아닌 것 같습니다. 그러면 어떻게 해야 하겠습니까?

대중 주체의 원칙

비민주적인 노동조합 안에서 벌이는 활동은 형식적으로는 여러가지 방법을 취할 수가 있습니다. 경우에 따라서는, 노조 민주화를 위한 조직을 만들 수도 있습니다. 정말 조합원의 의견을 조금도 반영할 의사가 없는 그야말로 골수 어용에 대해서는 비공개로 유인물을 돌려서 조합원들을 의식화시킬 수도 있습니다. 이러한 구체적인 방법은 상황이나 조건에 따라 달라질 수가 있습니다.

그러나 노조를 민주화하기 위한 활동도 역시 대중 주체의 원칙을 지켜 나가야 합니다. 왜냐하면 그곳에서 추진하는 활동도 기본적으로는 조합원 대중의 불만과 요구에 바탕을 둘 수밖에 없고, 그 힘도 조합원들로부터 나오기 때문입니다. 따라서 조합원이 있는 곳이면 어디서나 활동가들은 열심히 조합원을 주체로 세우기 위한 활동을 해 나가야 합니다. 70년대에 많은 사람들이 한국 노총 산하 조직에 들어갔었는데, 이것도 그런 활동의 일환이었습니다. 대중들이 있고 노총이라는 조직을 통해서나마 대중들을 만나야 되겠다는 것이 그 의도였습니다.

지도부의 결정은 존중하고, 잘못된 결정에는 대안을 제시

조합원의 기대와 완전히 일치하지 않는 집행부라 하더라도 집행부의 결정은 일단 존중해야 합니다. 왜냐하면 선거에 의해서 선출되었고, 조합원의 의사를 어느 정

2003년 교사대회에 참석한 전교조 조합원. 〈전교조〉

도 반영하고 있기 때문입니다. 특히 그것이 개인의 결정이 아니라 상집이나 대의원대회와 같은 공식적인 기관의 결정일 때는 더욱 그렇습니다.

그리고 그 결정은 활동가 개인에 의해서 조합원에게 왜곡되게 전달되어서는 안 됩니다. 지나치게 매도하거나, 부실하게 전달해서도 안 됩니다. 사실 그대로 전달해서 판단은 조합원들이 하도록 해야 합니다. 만약 그 결정이 조합원의 토의에 부쳐지게 되면, 그 결정의 잘잘못은 거기서 판가름이 날 것입니다. 형식적인 토의가 아니라, 민주적인 토의라면 더욱 그렇습니다.

또한 그 결정이 잘못된 것이라면, 활동가들은 반드시 대안을 갖고 있어야 합니다. "그런 방법이 아니라, 이런 방법은 어떤가"라고 제시할 수 있는 대안을 반드시 준비하고 있어야 합니다. 그래야만 반대를 위한 반대가 아니라, 정말로 조합원들의 요구를 해결하기 위해 노력할 수 있습니다.

그리고 어떤 문제가 발생했을 때는 아무리 집행부를 어용적인 간부들이 지배하고 있어도, 되도록 노동조합을 통해서 문제를 해결하려고 해야 합니다. 최소한 그렇게 하려는 노력을 기울여야만 합니다. 이런 과정에서 노동조합의 현 지도부가 그것을 받아들여 해결의 선두에 나서게 되면 주어진 문제의 해결에 도움이 될 것이고, 만약에 그렇지 않으면 조합의 지도부가 조합원 대중으로부터 비판을 면치 못하게 될 것이기 때문입니다.

불이익에 대한 적절한 대응

다음으로 노주를 민주화하기 위한 활동을 전개하는 과정에서는 소위 민주파 대의원들이나 민주파 간부들이 상당한 불이익을 당하는 경우가 많습니다. 해고나 전출 등을 비롯한 다양한 형태의 부당노동행위가 생길 수 있습니다. 어느 노동조합의 경우는 회사측에서 다른 조합원들은 대개 1년에 1~2호봉씩 오르는 호봉 승급을 열성적인 간부 및 활동가들에게는 거의 하지 않아, 이들의 의욕을 꺾으려 하기도 합니다.

이에 대하여 적절히 대응해야 합니다. 그렇지 못하면 열성적인 활동가들의 의욕도 꺾일 뿐 아니라, 이러한 활동가들에 대한 조합원들의 지지와 신뢰도 떨어뜨릴 수가 있습니다. 그래서 활동가들은 "힘이 없으니까 어쩔 수 없다"고만 생각하지 말고, 가능한 방법으로 이에 적극적으로 대처할 수 있도록 해야 합니다.

조합 선거에서 점검해야 할
기본 사항

다음으로 노조를 민주화하는데 주요한 계기가 되는 임원선거 문제에 대하여 살펴봅시다. 선거를 하게 될 때는 다음과 같은 사항을 철저히 점검하여야 합니다.

① 선거제도의 민주화

우선 선거제도가 민주적으로 되어 있는 곳과 그렇지 않은 곳을 구분해야 합니다. 어떤 경우에나 동일한 방식으로 활동해서는 안 됩니다. 아직도 선거 제도나 절차가 아주 비민주적으로 되어 있는 경우가 있습니다. 간접 선거를 하는 데도 있고, 부정선거 시비가 붙는 곳도 많이 있습니다. 그래서 이러한 곳에서는 선거제도를 민주화하기 위한 노력을 등한시해서는 안 될 것입니다.

② 조합원의 요구 해결을 위한 노력

다음에는 선거에만 매몰되어 현장에서 조합원들의 요

구 사항이나 불만을 해결하는데는 소홀하지 않았는지를 따져 보아야 합니다. 특히 조합원들의 불만이나 요구를 관철시키기 위한 평소의 적극적인 노력이 선거의 성패를 좌우하기도 합니다. 따라서 표 관리를 하는 차원에서 선거를 준비해서는 안 됩니다. 선거 준비에 들어가면서부터 현장 부서 조합원의 불만을 점검하고, 현장 단위에서 활동가들이 앞장서서 부서의 문제를 해결하기 위한 노력을 주요 과제로 설정해야 할 것입니다.

③ 부서별 중심 인물 파악

또한 조합원 개개인에 대한 조사를 해야 합니다. 숫자가 많을 때는 개별 조사는 못하더라도 부서별로 영향력이 있는 사람이 누구인가 정도는 파악해야 합니다. 약 2~3백 명 정도의 조합에서는 전체를 다 조사해야 할 것입니다.

④ 현장 중심의 활동

활동가들의 회의에서는 현장 문제가 항상 논의의 중심이 되고 있는가를 판단해야 합니다. 선거 전술에 관한 추상적이고 원칙적인 문제만 논의해서는 안 됩니다. 선거 시기의 활동이라 하더라도 현장 조합원을 조직하고, 현장 단위의 투쟁을 조직하는 문제를 점검하는 것이 항상 중심적인 활동이어야 합니다.

⑤ 선전 활동 점검

선전 활동은 어떤가를 점검해야 합니다. 경우에 따라서는 집으로 선거 홍보물을 발송할 수도 있고 사정이 극히 어려울 때는 낙서를 이용할 수도 있습니다.

⑥ 특정층에 대한 조사와 배려

청년 조합원, 또는 기혼 여성 조합원 또는 나이 많은 조합원 등 특정층에 대한 조사와 배려를 하고 있는지를 점검해야 합니다.

⑦ 취미 서클 조직

등산반, 취미반 등 노조의 서클과 회사에서 주도하는 서클을 포함하여 모든 취미 서클을 최대한으로 묶어 내고, 참여시킬 것인지를 점검해야 합니다.

⑧ 보고와 점검 체계 확립

또한 선거투쟁, 선거활동을 하면서 활동에 대한 보고

와 점검 체계가 어느 정도 되어 있는가를 따져 보아야 합니다.

⑨ 회사 개입에 대한 대응책
회사 쪽의 개입에 대하여 대응책을 마련하고 있는가를 판단해야 합니다.

⑩ 투표 방법에 대한 최종 점검
마지막으로는 투표 방법에 대한 최종점검을 해야 합니다.

그런데 이런 일들을 하는 데서 활동가들은 어디까지나 모범적이어야 합니다. 과격하고 모험적인 인상을 주지 않는 범위 내에서 상당히 모범적으로 활동을 해야 합니다. 그리고 조합원들의 감정이나 기분을 민감하게 파악할 수 있어야 합니다.

어떻든 구체적인 상황마다 달라지겠지만, 활동가들은 이런 것들을 선거에서 반드시 점검하면서 활동해 나가야 합니다.

7. 조합 활동가로서 갖추어야 할 조건

 노동조합의 규모가 커서 지부가 여러 곳에 있는 경우는 지부 차원의 활동을 지도하는 것도 노조 간부들의 중요한 역할입니다. 아울러 다른 노조와 연대 활동을 위해서는 다른 노조의 문제에 대해서도 관심을 갖고 지원해야 합니다. 또한 어느 정도 활동 경험이 쌓이면, 신임 간부들이나 신규 노조의 활동에 대해서도 적극적으로 지원할 필요가 있습니다.

 그러면 시야를 조금 넓혀서 부서나 지부 또는 다른 노동조합의 활동을 지도할 때, 활동가로서 어떠한 역할을 해야 하는가에 대해 살펴보겠습니다. 이것은 결국 단순히 조합 간부가 아니라 노동운동을 하는 활동가로서 갖추어야 할 조건들은 어떤 것인가를 살펴보는 문제이기도 합니다.

현장 실정에 대한 정확한 파악

가장 유념해야 할 것이 사전 준비를 충실히 해야 한다는 것입니다. 아무런 준비도 없이 즉흥적으로 해서는 안 됩니다. 현장 지도를 하기 전에 현장 상황을 정확히 파악해야 합니다. 상황도 파악하지 않고 건성으로 듣고 즉흥적으로 하는 지도는 오류를 범하기가 쉽습니다.

그리고 상황에 대한 정확한 판단 위에서 독단적으로 방침을 확정하는 것이 아니라 방침의 안을 마련해서 토의를 붙이는 것이 중요합니다. 이것이 원칙입니다. 상황을 파악해서 대충 해결방향을 찾는 것이 아니라, 결정은 조합원 대중의 토론을 통해서 해야 합니다. 아무리 좋은 방침이라 해도 그 노동조합이 그것을 실천할 수 없을 때는 그것은 옳은 방침이 아닙니다. 뿐만 아니라 이렇게 해야만 주관적인 판단과 권위주의적인 지도방침 역시 극복할 수 있습니다.

실정을 잘 파악하고 방침을 제시하기 위해서는 당사자들의 이야기를 잘 들어야 합니다. 몇 마디 들어보고 상황을 다 판단한 것처럼 해서는 안 됩니다. 지도나 지원을 나간 사람은 얘기를 많이 들어야 합니다. 의사가 진찰을 할 때 환자에게 말을 많이 시켜서 어디가 어떻게 아픈지를 판단하듯이, 지도나 지원을 하는 사람도 마찬가지입니다.

간부들이나 조합원들의 의견과 지금 부닥치고 있는 문제의 중심점이 무엇인가를 들어야 합니다. 그러면 본인들이 얘기를 하는 가운데 답이 포함되어 있게 마련입니다. 그렇기 때문에 얘기를 잘 듣는다면 문제의 반은 해결된 것이라고도 할 수 있습니다.

'해결사'는 금물

지도나 지원을 한다고 해서 모든 일을 해결사처럼 처리해 주는 청부주의는 안 됩니다. 청부주의란 조합원들은 조합 간부들에게만 일을 맡기고, 조합 간부가 모든 일을 다 떠맡는 경우를 말합니다. 개인이 당면한 문제는 개인이 해결하기 위해 노력하고, 부서에서 부닥치는 문제는 부서의 조합원들이 직접 참여하여 해결하려고 노력해야 합니다. 그렇게 하지 않고 모든 문제를 집행부에 떠맡겨 버리게 되면 조합 간부들은 청부업자가 되어 버립니다.

'청부주의'는 오히려 조합민주주의에도 역행하는 것이라고 할 수 있습니다. 이런 방식은 문제 해결에도 별로 도움이 되지 않습니다. 조합원들이 나서지 않는데, 무슨 힘으로 해결할 수가 있겠습니까? 따라서 여기에서도 대중 주체의 원칙을 지켜 나가야 합니다. 당사자들이 토론을 통해서 어떻게 할 것인가를 결정하도록 해야 합니다. 집행부에 맡길 것인가, 부서별로 할 것인가, 아니면 지역 또는 전국 차원에서 통일적으로 해결할 것인가를 결정해야 합니다.

종합적인
현장 분석

특히 조합원들 중에는 선진 부분도 있지만, 중간 부분, 후진 부분도 있습니다. 선진 부분들만 만나 보면 모든 것이 조금의 의심도 없이 잘 될 것처럼 보이기도 합니다.

그런데 조합원들 중에는 선진 부분만 있는 것이 아닙니다. 따라서 다른 부분은 어떤가를 파악하지 않고 상집 또는 대의원 가운데 아주 열성적이고 투쟁적인 사람만 만나고 그것으로 현장을 평가하게 되면, 판단을 그르칠 수가 있습니다. 그래서 선진 부분보다는 중간 부분이나 후진 부분의 역량이 어떤가를 더 중시할 필요가 있습니다. 왜냐하면 그런 조합원이 훨씬 많기 때문입니다.

정세 변화에 따른 적절한 지도

활동가는 응용 문제에 강해야 합니다. 연필 굴려서 할 수 있는 사지선다형보다는 주관식 문제에 강해야 합니다. 왜냐하면 정세는 고정적인 것이 아니기 때문입니다. 여기서 말하는 정세는 정치나 경제정세만을 말하는 것이 아닙니다. 사업장 내부의 변화까지도 포함하는 것입니다. 그래서 정세 변화에 따른 대응과 적절한 지도가 필요합니다. 성급한 지도는 절대 금물입니다.

그리고 노동조합의 주체적인 조건도 수시로 변화합니다. 아침에 집회할 때 다르고, 밤에 철야농성 들어갈 때

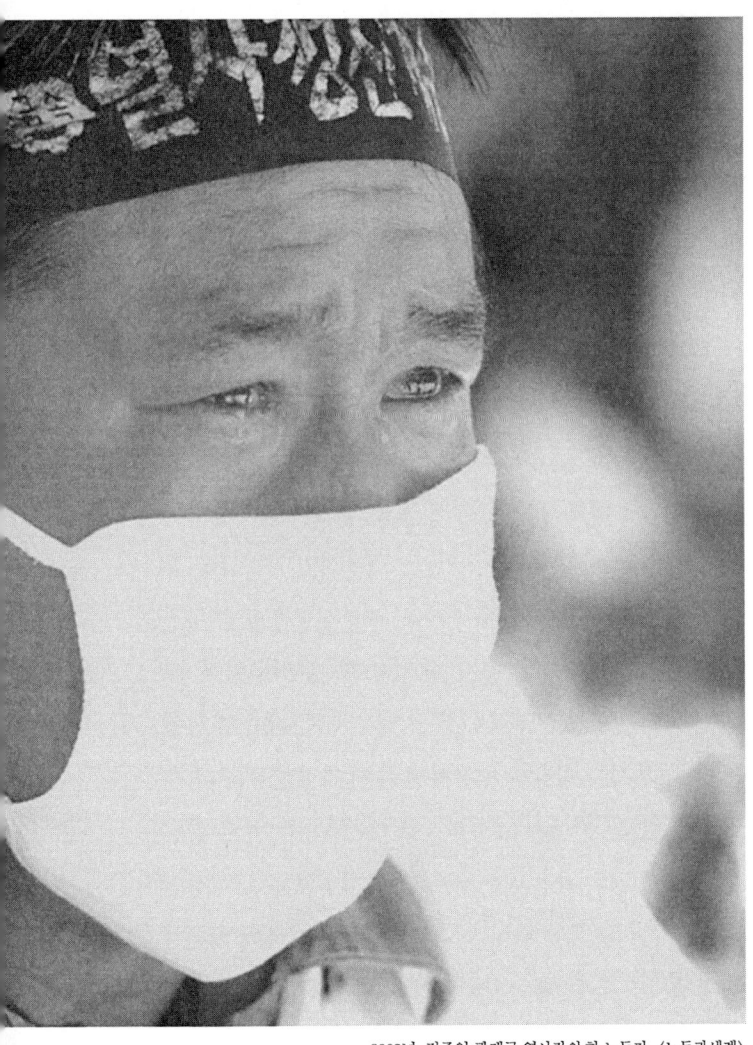

2003년, 김주익·곽재규 열사장의 한 노동자. 〈노동과세계〉

다룰 수 있는 것입니다. 또 상대방의 반응도 수시로 변화합니다. 가령 일주일 파업농성을 할 때와 보름을 넘길 때에 정부의 대응이 달라질 수 있습니다. 언론의 태도도 수시로 달라집니다. 그래서 활동가들은 변화하는 상황에 알맞게 신속하고 능동적으로 대처해야 합니다.

냉정한
지도 방침

투쟁을 통해서 힘이 강해진 노동조합이나 그 동안에 계속 승리만 해 왔던 노동조합은 내부적인 자신감을 갖게 되어, 경험주의에 빠질 수가 있고 냉정함을 잃을 수가 있습니다. "우리는 장기적인 파업을 한 경험이 있다. 그리고 우리 사업장은 전국에서 몇 개 안 되는 대규모 사업장이다. 투쟁이 시작되었다 하면 우리 조합원들은 다 투사가 된다"는 생각만 고정적으로 하게 되면, 큰 코 다칠 수가 있습니다. 사용자도 바보가 아니기 때문에, 비장의 카드를 마련하려고 합니다. 이런 것을 고려하여 어떠한 상황에서도 활동가는 항상 냉정하게 사태를 주시하면서 대처해야 합니다.

그리고 투쟁이 벌어지면 목청 높은 사람이 판을 좌우하는 경우가 있습니다. "지금 투쟁을 좀 멈추지. 좀 유연하게 하지. 부분 파업으로 전환하지"라는 등의 목소리보다는 "그냥 밀어붙이자"고 하는 의견이 분위기를 압도합니다. 그런데 이런 주장만 중시하여 행동하게 되면 다수 조합원들을 투쟁으로부터 이탈시킬 우려가 있습니다. 따라서 활동가들은 항상 냉정한 지도방침을 갖고 있어야 합니다.

투쟁 방침의 결정은
투쟁 주체가 하는 것

투쟁에는 도깨비방망이가 없다는 점을 명심해야 합니다. 다른 말로 한다면, 투쟁을 지도하고 지원하는 사람이 신처럼 행세해서는 안 된다는 이야기입니다. 괜히 권위를 부리려 하고 자기가 시키는 대로 해야 한다고 우기게 되면, 지도는 처음부터 잘못되게 됩니다.

앞에서 말한 대로 투쟁의 방침은 투쟁의 주체인 조합원들이 세우도록 해야 하는데, 이것을 개인이 하겠다고 덤비게 되면 투쟁을 잘못된 길로 이끌 수 있기 때문입니다. 그래서 선배 또는 어떤 특정인이 도깨비 방망이를 갖고 있다고 판단해서는 안 됩니다. 투쟁 방침의 결정은 종국적으로 조합원 대중들이 결정하도록 해야 합니다.

이론과 실천의 배합

 다음으로는 이론과 실천을 잘 배합해 나가야 합니다. 조합 간부들 중에 활동은 아주 잘하는 반면에, 정리나 평가를 아주 소홀히 하는 경우가 많습니다. "우리는 승리했다", 또는 "우리는 완전히 패배했다"라는 식으로 나타난 결과에만 치중한 나머지, 그 과정은 어떠했고 잘못된 것이나 잘한 것은 어떤 것인가를 총체적으로 평가하여 교훈을 충실하게 정리하지 못하는 경향도 있습니다. 그 평가의 기준도 "임금 몇 퍼센트냐, 단협 몇 개 바꾸었느냐"에 매달리기도 합니다.

 그런데 투쟁이 끝난 뒤에 내부적으로 자신감이나 자부심을 갖게 되었느냐 여부가 투쟁 성패의 중요한 판단 기준이 될 수도 있습니다. 그래서 작은 실천이라 하더라도 실천으로부터 귀중한 교훈을 도출하고, 그 실천을 통해 이론을 검증하는 것이 중요합니다. 노동운동에서 나온 이론은 다름 아닌 실천의 결과입니다. 오랜 세월에 걸쳐 실천을 통해 검증되고 확인된 사실이 바로 이론이 되고 원칙이 되는 것입니다. 따라서 노동운동에서 실제로 힘을 갖는 이론은 여러 실천과 경험이 쌓여서 된 것이기 때문에, 그 자체가 바로 실천의 소산이라고 할 수 있습니다.

그러므로 실천으로부터 반드시 교훈을 정리하고 자기 점검을 해야 합니다. 100% 잘한 것이나 100% 잘못한 것은 이 세상에 없습니다. 상대가 있는 투쟁에서는 가능한 한 과오를 줄이는 것이 중요합니다. 이런 생각을 하지 않으면 투쟁을 못합니다. 잘못을 최대한 줄이려고 노력하는 것이 올바른 투쟁 자세입니다.

전체 노동운동의
통일과 연대를 위한 노력

노동운동가는 노동운동 전체의 통일을 항상 생각해야 합니다. "우리 조합만 잘하면 되지. 우리 지부만 잘하면 되지. 우리 부서만 잘하면 되지"라는 생각만을 가져서는 안 됩니다. 노동운동가는 운동 전체와 장래를 보고, 그 속에서 내가 딛고 있는 위치를 보아야 합니다. 남이야 어떻게 되든 상관없다는 태도는 운동가의 자세가 아닙니다.

노동운동의 통일과 연대에는 세 가지 원칙이 있습니다. 이것은 지역적 연대나 산업별 연대, 그리고 전국적인 연대에도 그대로 관철되어야 합니다.

먼저, 상대방을 존중해야 합니다. "저 노동조합은 어영부영 하는 노동조합이니까, 저 노동조합은 사무직 노동조합이니까 할 수 없어"라고 하는 태도로는 노동운동의 통일을 성공적으로 이룰 수가 없습니다. 같이 참여하는 노동조합들은 서로 존중할 수 있어야 합니다. 그리고 특수성도 인정해야 합니다. 또 내부 운영에 대해서는 간섭해서는 안 됩니다. 다른 노동조합의 내부 운영에 간섭을 하게 되면 통일은 처음부터 벽에 부닥치게 됩니다.

두 번째는, 일치할 수 있는 것부터 출발해야 합니다. 일치할 수 있는 것부터 당면 통일행동을 조직하고, 그것을 통해 일치점을 확대해 나가야 합니다. 낮은 수준이라도 가능한 것부터 통일행동을 하게 되면, 반드시 그 통일행동의 폭을 넓힐 수가 있습니다. 처음부터 큰 욕심을 부리면 한 걸음도 발전할 수가 없습니다.

세 번째, 일치시킬 수 없는 것은 유보하는 것이 좋습니다. 당장 일치할 수 없는 것에 대해 갑갑하게 생각하지 말고, 그런 것은 일단 제쳐 두면서 앞으로 끈기 있게 토의를 해 나가는 것이 중요합니다. 일치할 수 있는 일을 해 나가다 보면, 일치하는 영역은 넓어지게 되고 점차 일치할 수 없는 영역은 상대적으로 줄어들게 될 것입니다.

노동조합의 정치적인 역량을 높이기 위한 노력

마지막으로 활동가들은 정치적인 자각이나 정치적인 의식을 높이기 위해 노력해야 합니다. 앞으로 가면 갈수록 국민 대중의 이익과 노동자계급의 이익은 거의 완전히 일치하게 될 것입니다. 노동자계급의 이익을 위해서 투쟁을 하되, 전체 국민의 이익을 위해서도 책임을 떠맡아야 합니다.

그러자면 활동가들은 정치적인 의식과, 노동조합운동의 정치적인 역량을 높이기 위해서 끊임없는 노력을 해야 하는 것입니다. 노동운동이 사회 변혁의 주도 세력으로서 자기 역할을 수행하기 위해서도 간부들의 이런 노력은 중대하다고 할 것입니다.

함께 생각해 봅시다

▶ 오랜 기간 노동운동을 해 온 우리의 동료와 선후배로부터 배워봅시다.

〈내가 배우고 싶은 동료(선배, 후배)는 _____ 이다〉

이유 :

_____
_____
_____
_____

▶ 우리는 활동을 하면서 여러 고비에 부닥칠 수 있습니다. 그 고비 중에서 활동가 사이의 관계에 대해 솔직하게 얘기해 봅시다.

〈나는 활동가(동료)들 때문에 노조활동을 하기 싫어질 때가 있었다.〉

① 그렇다　　　　　　② 그렇지 않다

이유 :

_____
_____
_____
_____

▶ 우리 노조 내부의 문제를 얘기해 봅시다.

1) 현재 우리 노조가 안고 있는 간부 사이의 갈등 요소

이렇게 풀어 보자

1.
2.

2) 현재 우리 노조가 안고 있는 조합원 사이의 분열 요소

이렇게 풀어 보자

1.
2.

▶ 내가 함께 얘기하고 싶은 주제

유능한 활동가는 처음부터 타고나는 것이 아닙니다.
노동 대중이라면 누구나 간부가 될 수 있는 소질이 있습니다.
기본 활동이나 일상 활동을 추진하는 과정에서
간부나 활동가들은 발굴되고 육성되는 것입니다.
이런 활동에 적극적으로 참여하고 활동을 조직하는 과정에서
조합원이나 간부들의 의식은 향상됩니다.

제3장 간부의 훈련과 양성

1. 노동조합은 노동자의 학교
2. 목적의식적인 활동을 통한 간부의 양성
3. 개별 지도를 통한 간부의 양성
4. 체계적인 교육을 통한 활동가 양성

> **미리 생각해 보기**

▷ 간부와 활동가는 구분할 수 있을까요?

▷ 올해 우리 노조 임금인상투쟁의 조직적 목표는 무엇이었습니까?

▷ 활동가는 어떠한 방법을 통해 양성될 수 있는지, 세 가지 정도를 적어 봅시다.

불과 10여 년 전만 해도 우리는 노동자이면서도 '노동자'라는 이름을 당당하게 내세울 수 없었습니다. 그런데 1987년 뜨겁던 여름, 억눌려 왔던 노동자들의 분노는 '노동조합'을 통해 분출되었으며, 그 후 10여 년이 지난 지금 민주노동조합운동은 '노동자'의 이름을 역사 위에 당당하게 올려놓았습니다.

아마 1990년 무렵이었을 것입니다. 한 노동자가 노동운동을 했다는 이유 때문에 경찰서에 잡혀간 일이 있었습니다. 그 노동자를 조사하면서 형사가 직업을 묻자, 그는 '나는 노동자다'라고 답변을 하였습니다. 담당 형사는 기가 막힌 표정을 지었습니다. 당시만 해도 '노동자'라는 이름을 당당하게 말하는 사람은 거의 없었습니다. '공돌이', '공순이'가 현장노동자들의 이름이었을 때였으니까요. 그 노동자는 형사에게 "직업란에 노동자라고 적지 않는다면 나는 조사에 응할 수 없다"고 버텼습니다. 결국 그 형사는 밤새 윽박지르기도 하고, 손찌검도 해 보았지만, 결국 '성명: 김 아무개, 직업: 노동자'라고 적은 후 조서를 꾸몄다고 합니다.

지금은 전국 노동자 대회 때나 5월 1일 노동절 집회 때 작업복을 입고 당당하게 거리 행진과 선전전을 벌이는 노동자들의 모습은 매우 익숙한 편입니다. 그러나 이런 모습도 1987년 노동자 대투쟁의 성과입니다. 1987년 이전 구로공단의 여성 노동자들은 공장에 다니는 것을 감추고 싶어서, 대학생처럼 보이고 싶어서 옆에 책을 끼고 다니는 모습을 쉽게 마주칠 수 있었습니다. 1987년 대투쟁을 기점으로 노동자들은 집회와 시위, 파업과 농성 등을 통해 작업복을 입은 당당한 노동자의 모습을 찾은 것입니다.

2004년, 이라크 파병에 반대하는 반전평화 집회. 〈노동과세계〉

1. 노동조합은 노동자의 학교

노동조합운동은 크고 작은 투쟁을 통해 노동자들이 세상의 주인이라는 인식을 심어 주는 학교의 구실을 합니다. 그러면 노동조합이라는 학교에서 추구하는 목표는 무엇일까요? 일반 학교의 목표는 '전인교육'을 표방합니다. 이를 실현하려면 교과 과정이 지식을 전달하는 것만이 아니라 인격과 인성을 개발해야 합니다. 그래서 민주시민을 길러 내고 또 사회에 필요한 인재를 양성하고 배출해야 할 것입니다. 그러나 입시 위주의 학교 교육에서는 이런 목표들이 제대로 실현되고 있지 못합니다.

노동자를 키우는 노동조합이라는 학교에서도 노동자의 인성을 길러 내야 합니다. 노동조합은 노동자의 계급성, 의식성, 주체성 그리고 창의성을 높여 주며, 노동운동에 필요한 이론과 사상의 수준을 향상시킵니다. 이를 통해 갖가지 고난에도 불구하고 다수의 일하는 사람들이 행복하게 살 수 있는 세상을 만들기 위해 앞장설 수 있는 수많은 간부, 활동가들을 양성하고 배출해야 합니다. 이런 점들이 노동조합이라는 학교에서 맡은 기능들입니다.

노동조합 간부와 활동가

최근에 들어와서 '간부는 많은데, 유능한 운동가는 드물다'는 말을 많이 듣게 됩니다. 1998년 현재 약 5천7백 개의 단위노동조합이 있는데 간부들의 수를 세어 본다면 한 조합 당 10명만 잡더라도 5만7천 명입니다. 대의원 수까지 합하면, 수십만 명에 이를 것입니다. 이 간부들이 모두 단순한 실무자가 아니라 유능한 활동가, 운동가로서 진정 헌신적으로 활동하고 있다면 지금 노동운동의 현실은 엄청나게 달라져 있을 것입니다. 그러면 간부와 활동가는 어떻게 구분할 수 있을까요?

단순하게 말한다면, 간부는 노동조합의 지도부와 노

조 활동의 중심을 이루는 사람들로서, 노조 활동을 앞에서 이끌어 나가는 구실을 합니다. 어쩌면 간부의 역량과 자세가 노조활동을 좌우한다고 할 수도 있을 것입니다. 활동가는 현장에서 노동자 대중을 의식화하고 조직화하며, 투쟁을 대중과 함께 밀고 나가는 사람입니다.

"이제는 간부나 조합원들이 일과시간 외의 노조 활동에 참가하려고 하지 않는다"는 얘기가 일반적입니다. 그런데 노동조합을 결성할 당시를 생각해 봅시다. 노조를 만들기 위해 소수의 사람들이 모여 시간과 돈에 상관없이 헌신적으로 활동하던 때가 있었을 것입니다. 또 노동조합을 민주화하기 위해 소수의 사람들이 각종 모임을 만들고, 때에 따라서는 해고될 위험을 감수하면서, 자기 돈을 털어 가면서, 가족도 돌보지 못한 채 활동하던 때가 있었을 것입니다. 물론 지금도 이처럼 어려운 여건에서 활동하는 간부와 활동가들도 많이 있습니다.

이러한 헌신적이었던 활동가들의 노력에 의해 이제 민주노조운동은 어느 정도 정착되었습니다. 조합 간부의 활동 시간도, 조합원 교육 시간도, 조직 활동비를 포함한 활동 예산도 단체협약을 통해 어느 정도 확보해 놓았습니다. 예전보다 좋아진 조건에서 활동하고 있습니다. 그러다 보니까 이처럼 확보된 조건에서만, 임기 동안에만 활동하겠다는 사람이 많아진 것은 아닐까 생각되기도 합니다.

다음으로 간부들이 눈앞에 닥친 일상적인 업무만 중요하게 생각하는 경향이 드러나기도 합니다. 그래서 마치 동사무소의 행정 직원처럼 바로 앞의 실무에만 매몰되는 경우도 흔하게 목격됩니다. 이런 경향은 조직이 커지면서 관료화의 모습을 나타내기도 합니다. 이런 경향은 당연히 전체 노동운동의 발전이나 상황에는 무관심한 경향으로 나타나게 됩니다. 또 어떤 면에서는 자기의 공적이나 성과를 내세우고 싶어하는 경우가 많습니다. 또한 실무에는 상당히 충실하고 매사 성실하지만, 조합원의 상태와 간부들의 상태를 정확히 분석하여 창의적인 투쟁이나 사업을 조직하거나 기획하는 능력이 모자라는 간부는 유능한 간부라고 말하기 어렵습니다.

반면 유능한 간부는 전체 노동운동의 전망과 노동운동의 목표 등을 고민합니다. 더 나아가 노동운동 속에서 자기 삶의 가치를 찾고자 합니다. 유능한 간부는 끊임없이 자신을 되돌아보며, 누가 시키든 안 시키든 간에 자기 일에 대해 스스로 책임감을 갖고 묵묵히 활동하는 사람이라고 할 수 있습니다.

　우리는 보통 간부층이 두텁고, 유능한 간부를 많이 포용하고 있는 노조를 '힘있는 노조, 한 발 앞서가는 노조'라고 말합니다. 그래서 많은 노조들이 수준이 높고 헌신적인 간부, 활동가를 많이 양성하고 포용하려 합니다. 그러나 그것은 생각만큼 쉬운 일은 아닙니다.

2003년, 한-칠레 FTA 비준 저지 전국농민대회. 〈민중의 소리〉

2. 목적의식적인 활동을 통한 간부의 양성

 간부의 양성이나 훈련은 한 사람의 노력만으로 이루어질 수 없습니다. 노조의 다양한 활동과 집단적인 규율을 통해 간부와 활동가를 양성해야 합니다. 이를 위해서는 간부와 활동가 양성에 대한 목적 의식을 가져야 합니다. 그렇지 않고 자연발생적으로 훌륭한 간부가 나오기는 어렵습니다. 실제로 우리나라 노동운동에서 간부를 목적의식적으로 발굴하고 양성하는 노력은 대단히 부족한 편입니다. 그러나 몇몇 노조에서는 이를 위해 꾸준한 활동을 추진하고 있습니다. 이러한 사례들을 함께 보면서 간부들을 양성하고 능력을 계발하기 위해서는 어떤 일들이 필요한지, 어떤 과정을 통해 발굴되고 훈련될 수 있을지 살펴보도록 하겠습니다.

노조 활동을 통한
간부의 훈련

노조 활동은 크게 기본 활동과 일상 활동으로 구분됩니다. 기본 활동은 임금, 노동조건의 개선과 정치적인 지위 향상을 위해 이루어지는 단체교섭, 노동쟁의, 노사협의 그리고 각종 정책 활동, 정치투쟁 등을 말합니다. 일상 활동은 내부적인 단결을 강화하기 위한 주체적인 활동으로써 조직, 교육, 선전, 조사, 문화, 상담 그리고 청년모임, 여성 활동, 복지 활동, 재정 활동 등이 있습니다.

유능한 활동가는 처음부터 타고나는 것이 아닙니다. 노동 대중이라면 누구나 간부가 될 수 있는 소질이 있습니다. 이러한 기본 활동이나 일상 활동을 추진하는 과정에서 간부나 활동가들은 발굴되고 육성되는 것입니다. 이런 활동에 적극적으로 참여하고 조직화하는 데서, 그리고 활동을 지도하는 과정에서 조합원이나 간부들의 의식은 향상됩니다. 또 이런 활동을 추진하는 가운데서 동료애도 커지고 실질적인 능력이 향상되며, 책임감도 높아지고 지도력도 육성됩니다.

그런데 어느 노조이든지 이런 활동을 추진하고는 있습니다. 문제는 그것이 형식적으로 진행되고 있다는 것입니다. 간부들이 단순히 주어지는 일만 적당히 처리하는 것이 아니라 얼마나 열성적으로 참여하고, 조직하고, 지도하느냐에 따라 그 활동의 질과 폭은 달라집니다. 그리고 이런 활동을 개별 차원, 부서 차원만이 아니라 간부 양성을 위해 목적의식적이고, 집단적으로 추진할 때 간부 양성의 폭과 질은 달라질 것입니다.

간부 양성을 위한 상집 부서 활동

전국보건의료산업노동조합 산하의 한 지부는 간부를 양성하고 능력을 향상시키기 위하여 상집 부서 활동을 적극적으로 벌여 나가고 있습니다. 그 중에서도 특히 세 가지 중심부서의 활동은 배울 점이 많습니다.

우선 홍보부의 활동입니다. 홍보부는 부원이 6~7명인데 매달 1~2회의 학습을 합니다. 학습의 주제는 현대사, 철학 등입니다. 그래서 학습과 토론 결과를 노보에 싣습니다. 계속 쓰다 보면 어느새 칼럼리스트가 되었다 싶을 정도로 자신감이나 전문성이 생깁니다.

교육부에도 6~7명의 교육위원이 있습니다. 많은 노조

에서 교육위원 중에 위원장도 나오고, 임원을 맡는 경우가 많이 있는데 노조의 교육부도 마찬가지입니다. 교육부의 주된 실천은 우선 대의원을 대상으로 하는 '봉투 교육'을 준비하는 일입니다. 그때 그때의 관심거리나 주요 현안들을 일종의 통신교육 형식으로 교육하는 것입니다. 또 분기별로 조합원 교육을 준비합니다. 그리고 매주 1차례씩 모임을 갖고 학습을 하고 교육 활동을 합니다. 학습은 주로 철학, 경제 등입니다. 학습 이외에도 매달 1번씩 시사토론회를 개최하는데, 시사토론을 벌이려면 자료 수집이나 학습 및 토론 등의 준비를 해야 합니다. 이런 준비를 교육부에서 맡아서 합니다. 또 한 달에 1~2번 정도 신규조합원 모임을 열어 신규조합원에게 노조가 무엇인가를 알려주고 부서별 활동을 소개합니다. 부원을 확보하기 위해서 적극적이고 끈질기게 조합원들을 만납니다. 교육 실천을 준비하고 자체 학습을 해 나가면서 스스로의 이론 수준을 향상시키고 동시에 새로운 부원도 양성하는 것입니다.

그 다음 문화부는 문화소모임 활동을 통해서 간부 역량을 발굴합니다. 매주 수요일 다양한 문화 소모임을 갖고, 매달 1회 전체 모임을 갖습니다. 뿐만 아니라 1년에 1

~2번 정도 수련회를 실시합니다.

 이처럼 이 지부에서는 각 상집 부서 활동을 통해서 간부들을 발굴하고 간부들의 수준을 높여 나가고 있습니다. 이 지부는 각 부서 활동 이외에도 대의원들의 역할을 높이기 위해 많은 노력을 하고 있습니다. 매달 임시대의원대회를 갖는데, 그날은 하루 일정을 잡아 교육과 안건 토의를 합니다. 교육은 주로 정세나 그때 그때의 대의원들의 주된 관심사를 중심으로 합니다. 그리고 지난 한 달 동안의 사업 평가와 당면 현안을 함께 논의합니다.

대의원들의 수준을 높이기 위한 정기 모임

 대부분의 노조에서 임원이나 상집은 어느 정도 자기 역할을 하고 있는데, 대의원들은 역할이 뚜렷하지 않아 현장 조합원 대중에게 뿌리를 내리지 못하는 경우가 많습니다. 임원을 비롯한 상집의 역할도 중요하지만 대의원들이 자기 역할을 해야만 단위 노조의 역량이 현재보다 훨씬 더 커질 수 있습니다. 그래서 대의원들의 의식이나 능력을 향상시킬 수 있는 활동이 아주 중요합니다.

인천의 한 전자회사 노조에서는 대의원의 역량을 강화하기 위해 대의원 모임을 정기적으로 갖기로 했습니다. 규모가 그리 크지 않기 때문에 모이는 것 자체는 어렵지 않았습니다. 2주 1회로 모임을 갖고 학습과 토론 그리고 대의원 각자의 현장 실천을 발표하게 했습니다. 이 모임에는 상집 간부 1인이 꼭 참석하여 학습과 토론 지도를 하는데, 모임 때마다 주제를 잡고 그 주제를 발표할 발제자를 선정합니다. 발제자는 상집 간부와 함께 발제 내용을 준비하여 항상 모임이 흐지부지 되지 않도록 노력합니다.

간단한 학습을 마친 후 현장 보고 시간에는 각 대의원들이 지난 2주일간의 현장 활동 내용을 발표합니다. "나는 그 동안 이런 활동을 했는데, 활동하면서 이런 점을 느꼈다, 우리 부서에서는 이런 문제가 생겼는데 어떻게 해야 할 지 잘 모르겠다"는 식으로 실천 과정과 고민들이 발표되면, 다른 동료들은 자신의 경험을 바탕으로 여러가지 대안이나 과제를 제안합니다. 또 학습도 이러한 실천상의 문제나 사례를 중심으로 진행됩니다.

이처럼 최근에는 대의원들의 역할이 중요하다는 인식 하에 목적의식적으로 대의원 또는 소위원모임을 정기적으로 만들어 학습이나 실천을 공유는 사례가 늘어나고 있습니다.

**투쟁을 통한
간부의 훈련**

노조 간부는 투쟁을 통해서 양성됩니다. 임금인상 투쟁이든 단체협약 투쟁이든 또는 다른 투쟁이든 준비에서 마무리에 이르기까지 각 단계마다 각종 활동을 필요로 합니다.

투쟁을 통해 간부를 양성하기 위해서는 "이 투쟁을 왜 해야 하는가"라는 목표가 있어야 합니다. 이때는 일상 시기보다 조합원이 조합에 관심이 집중되는 시기입니다. 그래서 조직이 내부적으로 안고 있는 문제의 해결과 조직 활성화를 위한 매우 좋은 시기로 활용해야 합니다.

또, 투쟁을 제대로 전개하려면 정세 분석도 반드시 필요합니다. 그래서 "이번 임투를 추진하는 데 기업 밖의 상황은 어떻고, 기업 내부의 상황은 어떤가? 역량 관계는 어떠한가" 등을 고민해야 합니다. 그리고 요구안을 작성하기 전에 현장 토의, 부서별 집회를 조직해야 할 필요도 있습니다. 요구안을 작성할 때 또는 요구를 수집하는 과정에서도 여러가지 활동이 필요합니다. 임금교섭이나 단협투쟁 때 교섭위원으로 교섭에 나가기도 하고 또 그 준비를 뒷받침하기도 합니다.

교섭 과정에서도 선전 활동을 비롯해서 조사 활동이나 문화 활동 등 다양한 활동이 필요합니다. 뿐만 아니라 교섭 결렬에 대비하여 예상되는 법적 대응과 조직적 대응도 준비해야 합니다. 가령 손해배상 청구가 들어올 때, 그리고 공익사업체의 경우 강제 중재 결정이 내려질 때 등에 대한 법률적인 대비와 함께 이에 대한 조직적 대응 방안도 준비해야 합니다.

그러다가 교섭이 결렬되고 파업에 들어가게 되었을 때, 특히 장기 파업으로 진전될 때에는 치밀한 대응을 필요로 합니다. 예상치 못했던 새로운 사실에 부닥치는 경우도 많이 있습니다. 또 작년의 파업과 올해 파업은 상황이나 내부 조건이 많이 다를 수 있습니다. 어떤 때는 간부들이 굉장히 동요할 수도 있습니다. 심한 경우에는 '직권조인'을 하고 위원장이 사라져 버리는 경우도 있습니다. 이럴 때 처음부터 투쟁을 포기하는 경우가 있는가 하면, 오히려 승리의 계기로 삼는 경우도 있습니다. 또 "해고자가 발생하면 누가 책임질 것인가? 파업 기간 중의 임금을 따낼 수가 있을 것인가? 만일 패배로 끝났을 때 조직적인 분열, 내부적인 혼란을 어떻게 극복할 수 있는가"라는 등의 예견되는 많은 문제가 나올 수 있습니다.

이렇게 수시로 변화되는 상황에서 능동적으로 대처하지 않으면 전열을 유지하기가 여간 어렵지 않습니다. 이 때 아주 작은 문제에서부터 큰 문제에 이르기까지 어떻게 해결할 것인지, 또는 투쟁의 전망은 어떠할 것인지 등을 최대한 정확히 판단할 수 있어야 합니다. 이러한 판단은 책을 보고 할 수 있는 것이 아닙니다. 가능하면 대중적인 토의로 결정하는 것이 필요하지만, 경우에 따라서는 지도부의 결단과 대중에 대한 설득이 중요할 수도 있습니다.

그리고 투쟁이 일단락 되었을 때는 '어떤 기준에서 평가를 할 것인가'가 중요합니다. 요구 달성에 중점을 둘 것인가 아니면 조직역량 강화 또는 그 투쟁이 전체 노동운동에 미친 영향에 중점을 둘 것인가 등 여러가지 관점에서 평가를 해야 하는데, 이 때 주관적이고 일방적이거나 또는 요구 달성이라는 측면에만 집착하다 보면 옳은 평가를 하기 어렵습니다. 또 투쟁을 끝내고 나서는 이번

투쟁 과정을 통해 얻은 교훈은 무엇인가를 잘 정리해야 합니다.

이러한 투쟁의 전반적인 과정 속에서 평소에는 눈에 띄지 않던 동료들이 놀라울 정도의 역량을 발휘하는 경우를 보게 됩니다. 그리고 대단히 유능하고 설득력 있는 용감한 동료들을 많이 목격할 수 있게 됩니다. 따라서 어떤 투쟁이든 투쟁이 진전되는 과정에서 조합원들의 동향을 의식적으로 눈여겨보아야 합니다. 눈여겨보아 두었다가 발굴하고 육성하고, 간부로 발탁해야 합니다. 이처럼 투쟁의 전 과정은 간부의 양성, 발굴 그리고 역량을 키워 내는 아주 중요한 계기인 것입니다.

비상근 간부 역량을
높이는 방법

임투를 앞두고 구로공단의 한 노동조합에서는 간부들이 조직적인 문제를 이번 임투에서 해결하고 간부를 양성하기 위해, 간부들이 안고 있는 핵심 문제를 해결하는 방법에 관해 토론하였습니다. 토론 결과 몇몇 간부에게만 일이 집중되어 바쁜 간부만 바쁘고, 열의가 있는 간부도 할 일을 별로 찾지 못하였다는 분석이 나왔습니다. 그 원인으로는 간부들의 역량이 골고루 향상되지 못하였고, 특히 대의원의 활동이 부진하다고 진단되었습니다.

극복 방안으로는 첫째, 간부들의 활동 기회와 참여 확대를 위해 대의원까지 임금인상투쟁 대책위에 참여시켜 구체적인 역할 분담을 한다. 둘째, 모든 간부들이 한 가지 이상의 역할을 수행할 수 있도록 한다. 셋째, 부서별로 대의원을 포함하여 간부들의 현장 모임을 일상화한다고 계획하였습니다. 이 세 가지 극복 방안이 바로 노동조합의 구체적인 조직적 방침이 된 것입니다. 이 노동조합은 임투의 준비부터 마무리에 이르기까지 목적의식적으로 소극적인 비상근 간부와 현장 대의원의 역량을 높이기 위해 노력하였습니다. 그 결과 임투가 끝난 이후에는 비상근 간부의 역량이 두드러지게 높아졌음은 물론이고, 대의원들의 기능이 눈에 띠게 강화되었음을 스스로 확인할 수 있었습니다.

이처럼 투쟁을 준비할 때는 제일 먼저 투쟁을 통해 조직 역량을 어떻게 강화할 것인가에 대한 목표가 설정되어야 하며, 이에 따라 준비 과정과 투쟁 과정에서 조직의 강화를 위해 간부와 활동가들의 역량을 높이기 위해 목적의식적인 활동들이 배치되어야 하는 것입니다.

학습을 통한
간부의 훈련

학습은 간부들의 자질을 향상시키는데 중요한 계기가 됩니다. 노동조합에서 실시하는 교육이나 학습은 학교 교육과는 구별되는 독자적인 목적을 갖고 있습니다. 그 하나는 노동자로서의 계급적인 자각이나 주체적인 의식을 높이는 것입니다. 많은 지식을 주는데 목적이 있는 것이 아닙니다. 둘째는 노동운동에 필요한 사상과 이론 수준을 높이는 데 있습니다. 셋째는 사용자나 국가 권력으로부터 가해지는 이념이나 이데올로기 공세에 대한 대응 능력을 높이는 데 있습니다. 최근에 자본의 신자유주의적 노동정책이 현장 곳곳에 스며들면서, 노동 통제와 노동 탄압의 방식들이 교묘하게 변화하고 있습니다. 이 외에도 노동운동 내부의 잘못된 편향이나 노선을 해결해 나갈 수 있는 역량을 주체적으로 갖기 위해서도 학습과 교육이 필요합니다.

그런데 이런 교육이나 학습을 하면서 자칫 빠지기 쉬

운 잘못된 경향들이 있습니다.

첫째는 조급성입니다. 어떤 노조에서는 간부 학습 프로그램을 최소한 10회로 나누어서 해야 할 학습 내용에 대해 "가급적이면 횟수를 줄여 빨리 할 수 없겠느냐"라는 질문을 하기도 합니다. 또 책 몇 권 읽고는 노동운동에 관해서 박사가 다 된 것처럼 행동하는 경우도 있습니다. 이런 태도는 조급성에서 나오는 것입니다.

다음에 경계해야 할 것은 이론만을 중시하는 '이론 만능주의'입니다. "나는 많은 책을 읽었다. 역사도 알고, 철학도 알고, 경제 문제도 잘 안다"고 하면서 많이 안다는 것을 과시하기 위해 학습하는 간부도 종종 보게 됩니다. 그런데 이런 간부들은 말은 유창하게 잘 하는데 실제 행동은 그에 못 미치는 경우가 많습니다. 그래서 지식인 흉내나 내는 이론 만능주의를 경계하면서 학습을 추진해야 합니다. 실천과는 무관한 이론은 실제 활동에 아무런 도움을 주지 못할 뿐 아니라 어떤 경우에는 해를 끼치기도 합니다.

또 하나의 잘못된 경향으로 실무만을 강조하는 경우입니다. 실무 위주의 교육은 실무 능력은 높이는 반면에 노동운동에 관계되는 기본적인 관점과 사상은 경시하는 경향을 띠기 쉽습니다. 주로 나이가 많고 노조 활동 경력이 오래된 간부들 중에는 '노동법'은 줄줄 외는데 신문에 나오는 정도의 노동운동과 관련된 지식이나 정보도 잘 모르는 경우가 많습니다. 우선 실무도 잘 알아야 합니다. 그러나 거기서 머물러서는 안 됩니다. 노동운동이 지향해야 할 목표, 우리가 살고 있는 자본주의 사회의 구조, 그리고 이 사회를 올바로 바라볼 수 있는 노동자의 관점 등이 학습을 통해 체득되어야 합니다.

한편, 학습을 통해 또는 노조 조직 밖에 있는 소모임 활동을 통해서 상당한 정도로 이론적인 수준을 높이는 사람들이 있습니다. 그러나 현장과 떨어져서 이뤄지기 때문에 지식 전달에만 머무는 경우가 많습니다. 경우에 따라서는 정파를 형성해서 조직의 분열까지 몰고 오는 경우도 있습니다.

중요한 것은 노조 활동이 민주적이고 집단적으로 또는 일정한 규율을 통해 이루어질 때 간부들은 올바로 성장할 수 있을 뿐 아니라 성장의 속도도 훨씬 빠르다는 사실입니다.

정기적인 상근 간부 학습

최근 몇몇 노조들에서는 상집 간부들의 정기적인 학습이 꾸준히 진행되고 있습니다. 한 금융노조에서는 노동운동론과 간부론을 각각 6차례, 4차례로 나누어 약 15명의 상집 간부들이 1주 1회 정기적으로 학습을 진행해 왔습니다. 미리 선정된 교재를 가지고 간부들이 매회 돌아가면서 발제를 하고 토론 주제를 뽑아 옵니다. 외부 강사가 결합하여 발제 내용에 대한 질문이나 부족한 내용을 보충하였습니다. 매주 목요일 오전 시간을 활용하여 교육을 진행하였는데, 꽤 열성적이었습니다.

또 전국보건의료산업노동조합 산하의 한 지부의 경우는 몇 년 전부터 간부 학습을 꾸준히 해 왔습니다. 처음에는 상근 간부 대상으로 약 2~3개월간 노동운동에 관해 학습을 하였고 그 이후에는 간부론, 세계노동운동사를 학습했습니다. 노조 일정이나 행사, 투쟁 등으로 자꾸 연기되거나 빠지게 되는 경우도 있지만 그래도 일단은 계속한다는 원칙을 세워 시간이 나는 대로 진행했습니다.

그밖에도 한 은행노조에서는 1993년 초부터 16인의 상근 간부 대상의 간부 교실을 진행했습니다. 노동정책, 노동운동사, 간부론 등을 주제로 약 10차례에 걸쳐 진행해 왔습니다.

그런데 이런 간부 학습은 조합 내부에 예기치 않은 사태가 생기면 학습이 중단되는 경우가 많습니다. 규모가 큰 조합일 경우, 상근 간부들이 1주 1회 최소한 두 시간 이상 공부를 하지 않는다면 이는 심각한 문제입니다. 또 상집 스스로가 대의원이나 조합원들에게 모범을 보일 수 있어야 합니다. 그리고 같은 집행부 내에서조차 어떤 상황이나 원칙에 대한 공유가 없다면 어떻게 어려운 상황을 제대로 뚫고 나갈 수가 있겠습니까?

간부들이 학습에 의욕을 보이면서 이제 적극적으로 실천하는 조합들이 점차 늘어나고 있습니다. 어떤 노조에서는 대의원들이 매주 1회, 또는 2주 1회라도 모여서 자기 활동을 점검하고 있습니다. 또한 최소한 1달에 1회씩이라도 상집 간부 전원이 모여 정기적으로 학습하고 토론하는 관례를 만들어야 하겠습니다.

3. 개별 지도를 통한 간부의 양성

개별 지도에서 특히 중요한 것은 활동 경험이 많은 간부, 활동가의 역할입니다. 흔히 경험이 많은 간부와 그렇지 못한 신임 간부 사이에는 경험상의 차이나 정서상의 차이 등이 있을 수 있습니다. 그런데 경험이 많은 간부는 신임 간부에 대해 매우 권위적이고 편파적일 때가 많습니다. "회사에 다닌 지 몇 년 되지도 않았고, 신중하지도 못하다. 책임성도 약하고, 이기적이다"라고 생각하여 젊은 신임 간부를 별로 신뢰하지 않습니다. 그러나 새로운 간부들은 의욕과 추진력, 창조력 등 좋은 면을 많이 가지고 있습니다. 경험이 많은 간부들이 신임 간부의 이런 장점을 볼 수 있다면 대단히 희망적일 것입니다.

"나보다는 뛰어난 간부를 보다 많이 키워야지"하는 것

이 바로 신임 간부에 대한 경험있는 간부의 올바른 태도인데, 이것을 실천하기는 무척 어렵습니다. 중국의 현대 성인으로 불리었던 루쉰의 말 중에 "나를 뛰어넘고 가거라, 젊은이들이여"라는 유명한 말이 있습니다. 후배들이 자기를 뛰어넘고 갈 때 선배 된 사람들의 심정은 그렇게 가볍지만은 않을 것입니다. 그러나 진정으로 대중을 위하고 역사 발전에 대한 신뢰가 있다면, 그것을 만족스러워 해야 합니다. 이런 자세를 선배 간부들은 잊어서는 안 될 것입니다.

또 새로 간부가 된 젊은 간부들은 나이 많고 경험이 많은 간부들을 존경할 수 있어야 합니다. 젊은 간부들이 책에서 얻은 이론은 직접 투쟁을 통해 체득한 경험적 사실들과는 다를 수 있습니다. 그런 점에 대해 젊은 간부들은 나이 많은 층, 경험이 많은 간부들에게 배우려는 자세를 가져야 합니다. 그래서 경험이 많은 간부와 새 간부는 결합해야 합니다.

그러나 우리의 현실은 어떻습니까? 집행부가 바뀌면 차기 집행부와 연결이 잘 안 되는 경우가 많습니다. 경험있는 전 집행부 간부들이 인수·인계도 제대로 안 하고, 현장으로 가서는 새 집행부에 대해 문제 제기만 하는 경우도 있고, 또 새로 들어선 집행부가 어떤 이유에서건 전 집행부와 의도적으로 단절해 버리는 경우도 있습니다. 물론 전 집행부의 잘못은 반드시 비판하고 개선해야 하겠지만, 일방적으로 매도하게 되면 단절을 피할 수 없게 됩니다. 그것은 결과적으로 역량의 손실입니다. 그렇기 때문에 경험이 많은 간부와 신임 간부의 관계가 중요한 것입니다.

그런데 만일 결합이 잘 안되었을 경우, 그 책임은 결국 경험이 많은 간부에게 있습니다. 왜냐하면 경험이 많은 간부가 권위적이었거나 또는 파벌을 조성했거나 아니면 포용력이 부족했거나, 민주적인 원칙을 어겼거나 하는 경우가 많기 때문입니다. 그래서 경험이 많은 간부들은 새 간부를 격려하고 지원하려는 자세를 가져야 합니다.

아무튼 조합마다 다르겠지만 좀 쉽게 접근할 수 있는 방법은 개별 접촉을 통한 간부 양성 방법이라 할 수 있습니다. 예를 들어 한 노조에서 약 20명의 역량을 갖춘 간부가 필요한데 지금 현재는 약 10명밖에 없다면, 남은 10여명을 빠른 시일 내에 양성할 방법을 찾아야 합니다. 즉 현재 있는 간부 한 사람 한 사람이 유능한 간부로서 소질을 갖춘 사람 또는 활동이나 투쟁을 통해 발굴된 사람들을 책임을 맡아 지도하는 것입니다. 이러한 방법으로 목적의식적인 간부 배가운동을 해야 합니다.

고락을
함께 할 것

우선 서로 신뢰할 수 있는 관계가 되어야 합니다. 영화도 같이 보고, 등산도 같이 가고, 고민을 서로 터놓을 수 있는 신뢰 관계를 형성해야 합니다. 그런 신뢰가 없이는 간부를 키워 낼 수 있는 바탕이 마련되었다고 볼 수 없습니다. 특히 어려운 일을 당했을 때 반드시 도와주는 것이 필요합니다. 예를 들면 해고를 당했다든지, 아니면 가정적으로 큰 어려움에 처했다든지 할 때, 같이 고민하고 해결책을 찾아보도록 노력해야 합니다. 이런 경우는 평생 잊지 못합니다. 부모상을 당했을 때 밤샘을 해 줬다 해도 쉽게 못 잊는데, 해고를 당해 집에 쌀이 떨어졌을 때 도와주었다면 먼 훗날까지 고맙게 생각하고 신뢰할 것입니다.

역량에 맞는 일을
맡겨 볼 것

먼저, 그 사람 역량에 맞게 쉬운 일부터 맡겨 보는 것입니다. 일상 활동, 일상 투쟁을 조직하는 책임을 맡겨 본다든지 아니면 학습소모임을 만들어 운영하게 한다든지, 현장조직을 만들게 한다든지 쉽게 할 수 있는 일부터 맡겨 보는 것이 중요합니다.

또, 조합원들 속에 간부가 될 소질을 갖춘 사람들은 수없이 많지만, 대부분 그들을 간부로 발굴하지 못하고 있습니다. 조합원들은 모름지기 개성과 능력 그리고 다양한 소질을 지니고 있습니다. 그런 역량 있는 사람들을 조합 활동에서 다 묶어 낼 수 있어야 합니다. 그러자면 한 사람 한 사람 조합원들이 갖고 있는 특성과 역량을 잘 파악하고 그것을 계발해 나가야 합니다. 훌륭한 교육 체계란 어릴 때부터 개인의 능력과 소질을 잘 판단하여 그것에 걸맞은 능력을 계발해 주는 것입니다.

노동조합의 활동은 어느 측면에서든 다양한 활동을 필요로 합니다. 따라서 각 개인들의 장점이나 소질들을 최대한 살려야 합니다. 그러기 위해서는 다양한 활동을 통해서 사람들을 발굴해야 하고 또 소질이나 취향에 맞는 활동을 과감하게 맡겨야 합니다. 그리고 사람들은 누구나 자신의 능력을 인정받을 때 열심히 일하게 됩니다. "당신 같은 사람들이 이 활동에 꼭 필요합니다"라고 인정하는 것은 일을 맡은 사람들을 신바람 나게 합니다.

모든 조합원이 하나같이 교육을 잘 해야 되고 투쟁에 앞장서야만 되고 학습도 열심히 해야 하는 것만은 아닙니다. 다양한 소질을 갖춘 조합원들을 많이 확보하고 과감하게 일을 맡겨 노조 활동에 적극적으로 참여시켜야 합니다.

젊은 층을 과감하게 간부로 발탁할 것

간부를 양성하기 위해서는 우선 능력 있고 열성적인 조합원들을 과감하게 간부로 발탁해야 합니다. 그러자면 특히 젊은 간부 또는 청년활동가 층을 중시해야 합니다. 1987년 이전에 비해 최근에는 간부의 전반적인 연령층이 훨씬 낮아졌습니다. 그래서 오히려 "나이 많은 조합원들을 노조 활동에 어떻게 끌어들일 것인가"를 고민해야 할 정도입니다. 그렇다 하더라도 젊고 열성적인 청년 조합원들을 과감하게 발탁해 나가야 합니다. 나이가 젊기 때문에 물론 부족한 측면도 있지만 심하게 우려할 정도는 아닙니다. 가면 갈수록 세대간의 차이가 벌어지기 때문에 이를 줄여 나가기 위해서라도 상호간에 서로 많은 것을 배워야 한다는 생각이 필요합니다. 나이든 간부들은 젊은 사람들을 이해하려고 노력해야 하고, 젊은 간부들은 겸손한 자세를 취해야 합니다.

평가를
함께 할 것

아무리 작은 일이라도 평가를 통해 잘했을 때는 격려하고, 잘못이 있을 때는 애정 어린 비판을 해야 합니다. 그 사람이 책임을 지고 한 활동에 대해서는 항상 어떤 식으로든 평가를 함께 해야 합니다.

학습을
함께 할 것

꼭 열성적으로 실천하지는 못하더라도 "내 경험으로

는 이런 책들이 좋더라", 또는 "그 책 읽어 본 소감이 어떠냐"는 등의 관심을 보이면서 선배로서 학습하고 있다는 모범을 먼저 보여 주어야 합니다. 자신은 안 하면서 "읽어라"하는 식의 지시나 시험, 또는 어떤 개념을 설명해 보라는 등의 태도는 잘못된 것입니다. 그렇게 되면 보고 싶던 책도 주눅이 들어 피하게 됩니다.

시야를 넓혀 줄 것

간부의 자질을 갖춘 사람이 전체 노동운동에 관해 무관심한 경우는 거의 없습니다. 노동자의 연대, 통일 문제 등에 대해서도 지속적인 관심을 갖게 해야 합니다. 가령 노동자 집회가 열렸는데 "우리 노조가 참가 안 하니까 나도 안 간다. 잘못하면 나만 찍힌다"고 하면서 노조 행사나 활동에 대해서 소극적인 경우에는 시야가 자연 좁아질 수밖에 없습니다.

우리 지역이 아닌 다른 지역에서는 어떤 일들이 벌어지고 있는지에 대해서도 관심을 갖도록 해야 합니다. 이를테면 신문에서 본 대우그룹 구조조정이 어떻게 추진되고 있는지, 노동조합은 어떻게 대응하고 있는지, 올해 구조조정 투쟁에 대해 자신이 속한 상급 조직에서 나온 투쟁 평가서를 통해 연맹이나 중앙 조직에서는 어떤 평가를 하고 있는지 등에 대해서도 관심을 갖고 시야를 넓히려는 노력을 해야 합니다. 이처럼 연대와 전체 노동운동의 통일에 관해서 관심을 갖게 하고 시야를 넓혀 주는 것이 중요합니다.

이렇게 한 사람의 유능한 후배, 한 사람의 유능한 활동가가 될 소질이 있는 사람들을 직접 개별 지도하는 것이 간부 양성을 위해 중요합니다. 물론, 이런 것이 쉬운 일은 아닙니다. 그러나 유능한 활동가가 되기를 원하는 간부는 이런 일도 할 수 있어야 합니다.

한 사람의 대중을 상대로 끊임없이 자기의 노력을 기울이는 가운데 자기도 발전할 수 있습니다. 즉 이런 구체적인 지도 역량, 활동 역량을 펴지 않으면 개인의 역량도 한계에 부닥칠 수밖에 없는 것입니다.

2004년, 비례대표 확대를 위한 민주노동당 기자회견. 〈민주노동당〉

4. 체계적인 교육을 통한 활동가 양성

　최근 들어 사용자들은 중간관리자 재훈련, 재교육에 대해 엄청난 투자를 하고 있습니다. 국내 연수 뿐 아니라 몇 개월 동안의 해외연수까지 시킵니다. 심지어는 중간관리자를 대상으로 석사과정, 박사과정 등의 교육까지 시키고 있습니다. 이런 상황에서 노동조합에서 목적의식적으로 간부를 훈련시키고 양성하기 위한 활동을 게을리 하면 상대적으로 자꾸 밀리게 되어 있습니다.

　교육은 백년지대계라고 합니다. 노동조합의 교육도 이제는 일회적이고 그때 그때의 현안 문제를 해결하기 위한 활동에서 활동가 양성을 목적으로 하는 교육 활동으로 바뀌어야 합니다. 간부를 재생산하기 위한 교육 활동을 체계적으로 추진하고 있는 노동조합이 몇 군데나 있을까요? 실제 최근 들어서는 공식적인 교육 활동을 통해 열성 조합원을 발굴하고 집행 간부들이 체계적으로 역할을 분담해서 이들을 훈련시키는 노동조합은 잘 찾아보기 힘듭니다. 몇 년 전만 하더라도 단위 노조 차원에서 간부 양성을 위해 노동교실을 개최하는 곳이 꽤 있었습니다. 그런데 실제 진행된 내용을 보면 지식을 전달하는 데 치중하는 경우가 많았습니다.

노동조합 교육은 지식만을 위주로 해서는 안 됩니다. 그렇다고 필요한 이론을 무시해서도 안 됩니다. 실무적인 것은 물론이고 노동운동에 관련되는 지식과 함께 사상을 향상시키는 데 교육의 목표를 두어야 합니다. 흔히 노동조합의 노동교실이나 강좌에서 철학, 역사, 경제, 문화 등의 교육을 하는 것은 거기에 관해 무식을 면해 보자는 것이 아니라 세상을 보는 시각, 세상 돌아가는 이치 그리고 그것이 노동자 생활과 어떤 연관이 있는가 등을 배우기 위한 것입니다.

또, 간부의 훈련은 단시간에 효과를 거둘 수 있는 것이 아닙니다. 한두 번의 교육 훈련을 통해 훌륭한 활동가가 되기를 바라는 것은 우물에서 숭늉을 찾는 격입니다. 교육 훈련은 시야를 넓혀 주고, 활동을 되돌아볼 수 있도록 하고, 자신을 재충전함으로써 활동 의욕을 높이는 계기로 삼아야 합니다. 그리고 간부의 훈련에는 교육 과정만이 아니라 교육 후의 후속 작업이 훨씬 더 중요합니다. 교육 훈련을 책임진 활동가들은 참가자가 어떤 상태에서 참여했는지, 의식의 변화는 어떠한지, 노조 활동에서 부닥치는 점은 무엇인지, 무엇을 알고자 하는지 등을 잘 평가하고, 더 잘 활동해 나갈 수 있도록 지원해 주어야 합니다.

물론 이러한 후속 과정은 교육 담당자 혼자서는 절대로 추진할 수 없습니다. 노조 지도부에서 간부 양성의 중요성을 충분히 공유하고, 집행 간부들과 후속 과정을 누가, 어떻게 책임질 것인지 역할을 함께 나누어야 합니다. 간부를 재생산하고 활동가를 키우는 교육 훈련은 교육부서만 책임질 영역이 아니라 간부들 모두에게 주어진 책임인 것입니다. 따라서 그 동안 추진되었던 노동교육의 목표, 교육 내용, 교육 방법, 교육 형태, 추진 방법 등을 평가해 볼 필요가 있습니다.

다음의 사례들은 노동조합에서 활동가 양성을 목적으로 추진되었던 교육활동 사례입니다.

단위 노조 차원의 노동교실

70년대의 대표적인 민주노조로 꼽히는 원풍모방 노동조합에서는 간부 양성을 목적으로 노동교실을 운영하였습니다. 원풍 노동교실은 교육 대상의 선정 과정에서부터, 한두 번으로 그치는 다른 노동조합의 노동 교실과는 달랐습니다. 먼저, 대상을 40여명으로 한정하였고, 매회마다 상집 간부 4명, 대의원 8명, 각 소모임 대표 8명, 개별 활동가나 반장급 16명, 남자 4명을 간부나 대의원의 추천서를 받아 선정합니다. 특히 반장급 조합원의 비중이 높은 것은 이들이 어떤 생각을 갖느냐에 따라 현장에서 조합원들에게 많은 영향력을 미치기 때문입니다.

또, 상집 회의를 거쳐 노동교실에 추천된 사람들이 특정 부서에 치우치지 않도록 조정합니다. 이렇게 구체적으로 참가 대상을 배정한 것은 교육을 마친 후 후속 모임에서 모든 현장 부서의 현황을 파악하고 활동을 점검하기 위해서입니다. 또한 상집 간부들의 경우에도 교육도 받고, 후속 모임을 담당하기 위해 각 회수마다 역할을 분담하였습니다. 교육 형태는 1박 2일을 두 차례에 걸쳐 진행하였습니다. 이는 매주 1회씩 2~3시간 교육하는 것은 참가자들을 후속 모임으로 조직하는데 한계가 있기 때문에 짧은 시간이지만 숙식을 같이하면서 풍부한 토론과 참가자들의 결속력을 다지기 위해서입니다. 교육 내용은 타 노조의 조직, 투쟁 사례 연구와 노동자의 철학, 노동운동사 등 당면 현안 외에도 사회·정치 의식을 높일 수 있도록 구성하였습니다.

이렇게 노동교실을 거친 40여명은 후속 모임을 구성하고 모두가 현장조직에 적극적으로 활동함을 원칙으로 했습니다. 그 결과 차기 간부, 대의원은 주로 이 조직 활동을 통해 훈련된 사람이 선출되었으며, 노동교실의 졸업생들은 노조 내에서 실질적인 활동가 그룹을 형성하게 되었습니다. 원풍모방 노동조합은 교육 활동을 통해 배출된 활동가들에 의해 부서에서의 일상적인 활동과 투쟁을 현장 자체에서 해결함으로써 노조의 지도력을 아래로부터 건설할 수 있었던 것입니다.

지역본부의 체계적인 간부양성과정

보건의료산업노조 산하 서울지역본부에서는 '일하

고 배우면서 함께 열어 가는 우리의 미래'라는 이름으로 1990년 10월 1기 노동교실을 시작해서 올해 들어 10년째 이어오고 있습니다. 그 동안 약 800여 명이 서울본부 노동교실을 거쳐갔는데 초기에는 30명에서 50명 정도가 참가하다가 최근에는 1기에 약 100여 명이 넘는 인원이 참가하기도 합니다. 약 1달간 매주 1회씩 5회 교육에 1회 수련회로 교육과정을 마무리합니다.

교육 주제는 매 회마다 약간의 차이가 있지만, '노동자의 올바른 생각과 참된 삶, 역사를 통해서 보는 노동운동, 선배 노동자와의 만남, 병원노동운동의 미래, 이제 무엇을 할 것인가?' 등의 주제를 다루며, 1박 2일의 모꼬지에서는 '반별 숙제 발표, 반별 대항전 등 다양한 교육 프로그램으로 함께 어우러지는 공동체 놀이' 등을 배치합니다.

이 노동교실 과정은 서울지역 병원노동자가 한 달 동안 진정으로 하나가 될 수 있는 만남의 마당이며, 이 교육을 통해 기업별노조의 벽을 허물 수 있었다고 평가하고 있습니다. 한 해에 약 100명씩 많은 간부를 배출해서 이제는 신임 간부와 대의원들은 반드시 거쳐야 할 간부 교육코스로 자리 매김 되어 있습니다.

여러 지역조직에서 이러한 간부양성교실을 계획하고 있지만 지속적으로 추진되는 경우는 그다지 많지 않습니다. 단위 조합이건 지역본부이건 간부 양성은 일회적인 교육으로는 불가능합니다. 처음 시작할 때는 큰 목표를 갖고 시작하지만 한두 차례 하고 나면 지속되지 않는 경우가 대부분입니다.

그런데 서울본부가 간부 양성을 목적으로 한 노동교실을 10여 년간 실시할 수 있었던 가장 큰 이유는 초기부터 운영되었던 교육위원회의 역할이 매우 큽니다. 교육위원회에서는 노동교실 뿐만 아니라 서울본부 교육사업 전체를 총괄하면서 사업 기획과 집행, 평가를 꼼꼼하게 점검합니다. 교육위원회에는 지역본부의 간부와 지부의 간부들이 참여하는데, 단위 노조의 직책과 상관없이 교육 사업에 열정과 책임을 갖는 간부들로 구성되어 타 조직과 달리 비교적 안정화되어 있습니다.

이 노동교실의 특징은 학교식 운영입니다. 참가자들을 약 10명 단위로 반을 편성하고 서울본부장을 교장으로 교육위원들은 각 반의 담임을 맡습니다. 반이라는 일차적인 인간관계로 편안한 교육 분위기를 만들고, 3교대 근무로 인해 정규 수업을 빠진 학생들을 위해 보충수업을 실시합니다. 또 반 이름과 반 목표, 반에서 스스로 정하는 반 숙제, 반별 토론, 뒤풀이 등을 통해 반원들의 동질성을 높여, 졸업을 한 후에는 우리 반, 반장, 우리 담임선생님으로 통하곤 합니다. 교육을 통해 인간적인 유대가 매우 돈독해지는데, 이런 인간적인 유대가 바로 서울본부의 조직적인 토대가 되는 것입니다.

상급조직의 현장활동가 훈련과정

민주화학연맹에서는 국제화학에너지광산일반노련 ICEM의 지원 하에 현장활동가 양성교육을 실시하였습니다. 보통 교육사업 계획을 수립할 때 1년 단위를 넘는 경우가 거의 없습니다. 그런데 민주화학연맹에서는 3개년 현장활동가 훈련계획을 수립해서 실제 집행하였습니다.

이 교육은 1997년부터 1999년까지 민주화학연맹의 현장활동가 약 20여명을 양성할 것을 목적으로 추진한 것입니다. 3년 동안 초급과정 9회, 중급과정 4회, 고급과정 1회를 실시해서 약 290여명의 현장활동가가 이 과정을 거쳐갔으며, 1999년 말에 실시된 고급과정은 30여명의 현장활동가가 참가하였습니다. 이 교육은 매회 2박3일간의 합숙과정으로 추진되었는데, 초급과정에서는 현장조직화의 중요성과 현장활동가로서의 능력을 높이기 위해 발표력 훈련, 현장토론방법 실습을 비롯해서 노동법 기초 등의 내용을 다루었습니다. 중급과정에서는 현장조직의 진단과 계획 수립, 선동훈련, 회의진행 실습을 하였습니다. 고급과정에서는 경제현실과 경영분석 실습, 정보화 교육 등을 다루었습니다.

물론 2박 3일의 짧은 기간을 통해 단계별 교육을 체계화한다는 것은 상당한 한계를 갖고 있습니다. 그렇지만 일정한 교육을 이수한 사람으로 한정하여 다음 단계의 교육참가 자격을 주었던 점, 이를 통해 참가자들의 변화과정을 확인할 수 있었던 점, 또 참가자들의 요구를 파악하여 교육과정을 짤 수 있었던 점 등은 단계별 과정의 매우 큰 장점입니다.

지금까지 이러한 중장기 교육 활동을 실행한 상급조직은 한 군데도 없습니다. 이 현장활동가 훈련과정은 일회적이고, 반복적인 교육 활동을 단계별 교육과정, 훈련과정으로 한 단계 발전시켰다고 할 수 있습니다. 지금까지 일회적인 교육의 경우 그 성과는 보통 교육 후에 배치되는 집회나 쟁의를 위한 투표에 얼마나 참가하는가를 통해 확인하는 정도였습니다. 그래서 그 동안의 교육은 투쟁의 동원 도구로서 기능 했습니다.

그러나 사람을 키우고 단련시키는 교육은 한 번의 교육을 통해 이루어지지 않을 뿐 아니라 곧바로 그 성과가 드러나지도 않습니다. 단계적이고 연속된 교육과정은 후속 교육에 교육생을 참여시키기 위해서라도 활동 점검을 비롯한 후속 조직사업을 추진할 수밖에 없습니다. 그리고 이러한 후속 작업은 단위 노조의 조직 활동을 강화하고, 연맹과 단위노조의 결합도를 높이는 데 매우 중요한 역할을 하게 되는 것입니다.

함께 생각해 봅시다

▶ 우리 단위노조는 어떠합니까? 솔직하게 얘기해 봅시다.
  우리 단위노조는 서로 간부를 맡으려고 한다.
  ① 그렇다   ② 그렇지 않다
  이유 :
  1. _____
     _____
  2. _____
     _____

▶ 간부 양성을 위해 우리가 하고 있는 일을 생각해 봅시다.
  1) 내가 후배를 키우기 위해 하고 있는 활동은?
  1. _____
     _____
  2. _____
     _____

  2) 우리 단위노조에서 간부를 양성하기 위해 실시하고 있는 활동은?
  1. _____
     _____
  2. _____
     _____

▶ 간부 양성을 위해 산별노조 등 상급조직에 요구하고 싶은 바를 얘기해 보고, 토론 결과를 꼭 상급조직의 교육담당자에게 전달해 봅시다.

상급조직에서는 간부 양성을 위해 _____ 교육을 해 주십시오.
이유 :

_____

_____

_____

_____

_____

_____

▶ 내가 함께 얘기하고 싶은 주제

_____

_____

_____

_____

간부는 헌신성이 있어야 합니다.
조합 간부의 헌신성이 없으면 지도 핵심이 만들어지지 않습니다.
헌신성은 개인의 노력도 있겠지만
대중으로부터 배우려는 자세로부터 시작되는 것입니다.
동료들의 어려움, 고통을 잘 알고
대중으로부터 투쟁성, 창의성을 배우는 가운데
헌신성은 커지게 되는 것입니다.

제4장 노동조합 간부의 자세

1. 인간을 중심으로 생각하자
2. 현실을 바로 보자
3. 세상은 변한다는 인식을 갖자
4. 창의적으로 생각하고 행동하자
5. 민주적인 태도를 갖자
6. 비판을 두려워 말자
7. 노동 대중에게 헌신하는 자세를 갖자
8. 노동자의 도덕성을 갖추자

> **미리 생각해 보기**

▷ 전태일 열사가 스스로 몸을 불태운 날은

　　　　　 년 　　　 월 　　　 일이다.

▷ 전태일 정신을 한마디로 얘기하면 무엇이라고 할 수 있겠습니까?

___

___

___

___

▷ 노동자와 자본가가 갖고 있는 생각의 차이에 대해 생각나는 대로 정리해 봅시다.

___

___

___

___

간부의 역할과 자세라는 주제의 교육을 할 때면 새로 간부가 된 사람들은 뭔가 딱 부러지는 정답을 요구하는 경우가 많습니다. 조금 과장해서 표현하면 새로운 간부들이 노조 활동을 하는데 있어 도깨비 방망이 같은, 뭔가 기발한 경험이나 원칙을 기대합니다.

그렇지만 실제 노동조합 간부에게 요구되는 것은 활동을 성실하게 하는 가운데 누구나 다 체득할 수가 있습니다. 보다 중요한 것은 노동조합 활동가로서 노동자의 관점과 자세를 올바로 갖추는 것입니다. 사실 올바른 노동자의 관점과 자세를 갖고 있다면 간부로서 역량을 습득하는 것은 별로 어려운 일이 아닙니다.

다음은 바람직한 노조 간부, 바람직한 노동운동가가 되기 위해서 요구되는 올바른 노동자의 관점에 관해서 살펴보도록 하겠습니다.

1. 인간을 중심으로 생각하자

 사람은 동물과 다르게 스스로 생각하고 판단하고 행동할 수 있습니다. 이런 점에서 사람은 태어나면서부터 평등하고 존엄한 존재입니다. 그러나 현실 사회에서는 사람이 평등하고 존엄한 존재로서 대접받지 못했습니다. 혈연과 돈과 권력이 있고 없음으로 인해 인간의 존엄성은 침해받고 세상은 불평등하게 되었습니다. 사람들은 이러한 비인간적이고 불평등한 세상을 고치기 위해 자신의 판단과 자각에 따라 실천하고 저항할 수밖에 없습니다. 바로 이것이 운동의 시발점입니다.

 자본주의 사회에서는 사람이 사람답게 살 수 있는 조건 자체가 보장되지 않기 때문에 투쟁을 하게 됩니다. 억압, 수탈, 착취 등의 제반 요소들이 노동자들이 바라는 사람다운 삶을 제약하고 방해하고 있습니다. 여기에 대한 도전이, 말하자면 우리가 살아가는 사회를 인간적이고 민주적이고 평등하고 풍요롭게 만들려는 노력이 바로 노동운동입니다.

그런 의미에서 보면 노동운동은 인간해방운동입니다. 인간해방이라 하면 거창해 보이지만, 일하는 노동자를 비롯한 사회구성원들이 사람답게 살기 위한 본능적인 저항, 자각된 저항, 이것이 바로 노동운동입니다. 1970년에 분신한 전태일 열사도 학식이 높은 사람은 아니었습니다. 노동자에 대한 애정이 많고 노력하는 사람이었습니다. 전태일 평전을 읽어보면 다음과 같은 구절이 나옵니다. "어떠한 인간적 문제이든 외면할 수 없는 것이 인간이 가져야 할 인간적인 문제이다." 이것을 철학적, 논리적으로 분석한다면 여러가지 해석이 가능할 것입니다. 그러나 노동자 대중에 대한 열정과 애정이 있는 사람이 지니고 있는 사회관은 역시 '인간 중시'라는 것을 말해 주고 있습니다. 이것이 전태일 평전의 핵심입니다.

뿐만 아니라 1987년 7·8·9월 약 3개월 동안에 3천5백여 건의 투쟁이 있었습니다. 그 때 가장 많이 나왔던 구호가 무엇이었습니까? '인간답게 살아보고 싶다'는 것이었습니다. 노동자들의 분노나 불만이 제대로 해결되지 못하고 쌓여 있다가 7·8·9월 노동자 대투쟁으로 터져 나온 요구가 바로 '인간답게 살아보고 싶다'였습니다.

 노동조합 운동은 사람을 가장 귀하게 여기는 사고와 실천을 기본으로 요구합니다. 자신을 억압하는 것에 대해서 뿐만 아니라 동료를 억압하는 것에 대한 분노가 노동운동의 출발점입니다. 가장 인간답게 살고 싶은 소박한 요구가 노동운동의 출발점입니다. 따라서 노동조합 간부는 인간을 가장 귀한 존재로 보아야 합니다.

마석공원에 있는 전태일열사 동상. 〈사무금융연맹〉

2. 현실을 바로 보자

 현실을 바로 보지 않으면 투쟁에서 이길 수가 없습니다. 노동운동을 둘러싼 현실은 매우 복잡합니다. 정세 변화는 어떠하고, 우리의 힘과 상대방의 힘은 어떤 상태에 놓여 있으며, 어떻게 변화될 수 있는가를 잘 판단하지 못하면 투쟁에서 패배할 수도 있습니다. 현실을 바로 보고 상황을 제대로 판단해야 합니다.

현실을 개혁하는 노동운동

 그런데 문제는 현실운동이라고 해서 현실에만 평계를 대고 안주해서는 더 이상 발전이 없다는 것입니다. "자본주의 사회에서는 응당 자본이 판치는 세상이니까 아무리 해도 깨진다. 1987년 같은 경우는 좀 특별한 경우였다. 봐라 지금은 노동자의 힘이 상대적으로 부족하지 않느냐. 이럴 바에는 실리주의로 나가자"는 식으로 된다면, 점차 노동자의 지위가 향상되기는커녕 오히려 저하될 수밖에 없습니다.

노동운동은 현실운동이기 때문에 현실을 잘 파악하여야 합니다. 물론 현실을 인정할 줄도 알아야 합니다. 인정하지 않으면 고칠 수도 없고, 바꿀 수도 없습니다.

그러나 노동운동은 현실을 잘 파악만 하고, 인정만 해

민주노총 노동탄압분쇄 투쟁. 민주노총 〈금속연맹〉

서는 안 됩니다. 현실을 잘 파악하여 현실을 개혁하도록 해야 합니다. 현실을 개혁하는 노동운동이 없었으면 지금의 우리 처지가 있을 수 없는 것입니다. 현실을 운명적으로 받아들이는 것이 아니라 비인간적이고 모순된 것을 개혁하는 것이 노동운동인 것입니다.

그런데 돈과 권력을 가진 자본가와 기득권 층은 현실을 가능하면 숨기려고 합니다. 반면 노동자, 농민, 서민 등 민중들은 현실의 모순을 폭로하려고 합니다. 김영삼 정부 초기에 공직자들이 재산 등록을 했는데 등록하는 입장에서는 부정비리가 밝혀지니까 괴롭습니다. 그런데 국민의 입장에서는 신바람 납니다. 공직자의 거짓이 다 드러나 보이기 때문입니다. 1987년에 박종철 학생 고문치사 사건이 있었습니다. 처음에는 "탁 치니까, 억 하고 죽었다"고 했습니다. 그것이 거짓임이 드러나자 어떻게 되었습니까? 6월항쟁의 도화선이 되었습니다.

또한 지배 세력은 매스컴을 동원해서 가능하면 현실을 은폐하려 하거나 적어도 국민들의 관심을 다른 데로 돌리려 합니다. 일반 서민들이나 국민들이 TV에서 노동자의 생활을 있는 그대로 매일 3~4 시간씩만 본다면, 노동자들에 대한 인식이 크게 달라질 것입니다. 연속극의

한 프로만이라도 소년, 소녀 가장이 살아가는 모습을 제대로 비춘다면 일반 국민들이 세상을 보는 눈은 엄청나게 달라질 것입니다. 지금의 TV에 나오는 사람들 이야기는 대부분 호화저택에 사는 사람들이거나, 전부 연애하는 사람들의 이야기일 뿐이지 일하는 사람들의 이야기는 별로 없거나 있더라도 잘못 그려지고 있습니다.

반면에 노동자, 농민, 도시 서민 등 민중들은 가능하면 현실을 드러내려고 합니다. 정치인들은 어디서 돈을 구해다 선거를 하는지, 자본가들은 어떻게 돈을 벌어서 그렇게 떵떵거리면서 사는지, 경찰은 물론 국정원 같은 정보기관의 내부는 어떻게 굴러가는지 가급적이면 좀 구체적으로 알자는 입장입니다. 노동운동도 현실을 있는 그대로 드러내려고 합니다.

그 다음에는 우리가 세상을 잘못 보고 있지는 않은지를 생각해 보아야 합니다. 저도 가끔 초등학생이나 중학생과 이야기하다 보면 제 사고가 고정되어 있고 굳어 있다는 것을 느낄 때가 있습니다. 한 가지 예를 들면, 거북선을 만든 사람은 거의 대부분 이순신 장군이라고들 합니다. 이순신 장군은 서울에서 태어난 양반 집안 출신입니다. 그런데 배를 만들어 본 적이 없는 양반 출신이 어떻게 거북선을 만들 수 있겠습니까? 거북선은 뱃사람과 목수들이 만든 게 아니겠습니까?

제가 아는 어느 교수 한 분이 학생들이 학교 곳곳에 대자보를 갖다 붙이니까, "학생들이 대자보를 온 벽에다 붙이는 바람에 이 좋은 학교가 엉망이 됐다. 학생들은 자기가 다니는 학교를 왜 저 모양으로 만드는지 모르겠다"고 말한 적이 있습니다. 그 때 저는 이렇게 이야기했습니다. "학교의 주인은 학생이고 교수님은 학교의 고용인이 아닙니까? 자기 학교에 자기들이 필요해서 대자보를 붙이는데 뭘 걱정하십니까?"

1987년 대투쟁 당시 노동자들이 집회를 할 때 회사의 상무, 이사, 총무부장 등에게 나와서 노래 한 곡만 부르라고 해도 이들이 벌벌 떨었습니다. 항상 만만해 보였던 노동자들이 어느 날 갑자기 눈에 불을 켜고 덤비니까 겁을 집어먹은 것인데, 이들은 평소에 온순하던 노동자들이 이렇게 된 것은 외부 세력의 개입이 있기 때문이라고 오해합니다. 이처럼 이들은 항상 지배, 관리, 통제의 습성이 몸에 배어 있기 때문에 사물을 제대로 보지 못하는 것입니다.

그리고 우리도 현실을 바로 보는 것 같지만 가끔 우리

의 의식 속에는 억압당하고 지배당하는 사람들의 고정관념이 있는 경우가 있습니다. 특히 미조직 사업장의 노동자들은 "우리가 열심히 해야 회사가 잘 되고 회사가 잘 되면 우리도 잘 된다"라는 식의 종업원 의식을 갖고 있는 경우가 있습니다. 이것은 현실을 바로 보는 것이 아닙니다. 회사가 번영한다고 해서 반드시 노동자의 처지가 나아지는 것은 아닙니다. 분배의 평등화를 위한 조건이 형성되어야 하는 것이지요. 우리는 현실을 직시해야 합니다. 상황 판단도 잘 해야 하고 정세 분석도 늘 게을리 하면 안됩니다.

2003년, 미군 장갑차 희생 여중생 추모 촛불 집회. 〈여중생범대위〉

3. 세상은 변한다는 인식을 갖자

세상의 모든 것은 날마다 움직이고 변화합니다. 세상에 멈춰져 변하지 않는 것은 없습니다. 1987년 대투쟁이 일어나고 난 뒤 노동운동은 활발하게 발전했는데, 1990년대가 되면서 노동운동이 반대로 침체되기 시작했습니다. 간부들이 구속당하고 해고당하고 노조활동은 위축되었습니다. 또 노동운동에 대한 비판과 반성의 목소리들이 나오고, 그것이 한참동안 대중들의 맥을 빼놓았습니다. 노동운동을 낮게 보고 욕하는 이런 저런 말을 들으면서 노동운동 하는 사람들은 크게 실망도 하고 분노도 느꼈을 것입니다.

이러한 생각들은 노동운동도 세상 만물과 같이 늘 변화하고 발전하는 생물체와 같다는 사실을 이해하지 못하고 고정불변의 것으로 본다는 데 문제가 있습니다. 운동의 발전, 정세의 변화를 바로 보지 못했기 때문에 현실이 조금만 변해도 혼란스러워 하고 흔들렸던 것입니다.

그런데 세상은 항시 변합니다. 1987년 이전의 노동조합운동을 돌이켜 봅시다. 당시 한국에서는 노동운동이 침체의 늪에서 헤어나지 못할 것으로 생각하고 좌절하고 절망하는 사람들이 많았습니다. 이런 사람들의 눈으로 보면 1987년 투쟁은 기적과도 같은 사건일 것입니다. 이것은 세상이 변화하고 발전한다는 과학적인 관점에서가 아니라 고정불변 한다는 잘못된 관점에서 보았기 때문입니다.

역사는 때론 후퇴하기도 하지만 크게 보면 발전하고 있습니다. 사회는 왜 발전합니까? 우선 사람의 생각이 발전하기 때문입니다. 인간의 생활이 발전하기 때문입니다. 그리고 노동의 형태와 질이 발전하기 때문입니다. 마지막으로 투쟁하는 방법이 발전하기 때문입니다.

변화·발전의
법칙

자연과 사회, 그리고 인간이 변화하고 발전하는 데는 일정한 법칙이 있습니다. 공통적인 법칙을 살펴보겠습니다.

첫째, 상호 연관성을 가지고 있다는 것, 즉 모든 것이 서로 관련을 맺고 있다는 것입니다. 예를 하나 들어봅시다. 1996년 12월과 1997년 1월에 있었던 총파업 같은 사건이 발생하면 노동자의 편을 드는 세력과 자본가의 편을 드는 세력이 뚜렷이 나누어집니다. 언론과 공권력은 자본가의 편을 듭니다. 노동자와 가족들, 봉급생활자들, 농민들, 대학생들, 그리고 민주세력들은 노동자의 편을 듭니다. 이것을 보면 사회의 여러 세력들이 서로 긴밀하게 연결되어 있음을 알 수 있습니다. 이처럼 우리가 살아가는 사회의 정치·경제·사회·문화 현상은 상호연관성을 맺고 있으며, 날마다 변화하고 발전하고 있습니다. 이는 자연 현상과 마찬가지입니다. 비가 그냥 오는 게 아닙니다. 기온, 습도, 공기밀도 등 여러가지 요인이 결합된 결과입니다.

둘째, 양질 전화, 즉 양의 축적이 질적인 변화를 일으키는 동시에, 질이 변하면 양도 따라서 변합니다. 어떤 것이 많이 늘어나고 커지면 마침내 전혀 새롭고 다른 것으로 변하게 마련입니다. 이때 사물은 급격하게 변합니다. 저절로 천천히 변하는 것은 아무 것도 없습니다. 앞에서 살펴보았듯이 물은 점진적으로 끓는 것이 아니라 100°C에서 급격하게 끓으면서 수증기가 됩니다. 급격하게 질적인 변화가 일어나는 것입니다.

노동운동에서 양의 축적이 질적 변화를 촉발시킨 예는 1987년 대투쟁입니다. 1987년 대투쟁은 하루아침에 이루어진 것이 아닙니다. 오랜 세월에 걸친 억압과 수탈이 노동자들의 엄청난 분노와 반발을 일으켰고 어느 시점에 이르자 대폭발을 일으킨 것이 1987년 노동자대투쟁입니다. 서서히 오랜 기간 동안 투쟁이 일어난 것이 아니라 1987년 6월 민주화 시위와 맞물리면서 축적돼 왔던 불만이 갑자기 폭발하니까 한꺼번에 전국적인 투쟁으로 번져 나가게 된 것입니다. 1996년 12월과 1997년 1월의 총파업도 마찬가지입니다. 10년 동안 성장한 노동운동의 역량이 없었다면 50년만의 정치 총파업은 불가능했을 것입니다. 이처럼 양질 전화는 사회적인 현상입니다.

다른 예를 들어볼까요. 노동조합이 없을 때에 비해서

노동조합을 결성하면 많은 것이 달라집니다. 욕하고 때리던 중간관리자들이 함부로 날뛰지 않습니다. 사장 마음대로 결정하던 임금도 노동자대표와 협상으로 결정됩니다. 자연 현상도 마찬가지입니다. 물은 100°C가 되기 전에는 뜨겁기만 할 뿐 아직 물로 남아 있습니다. 그런데 100°C가 되면 물이 수증기가 되면서 액체가 기체로 변화하는 것입니다.

셋째, 대립물이 통일을 이루고 있습니다. 자본주의 사회를 예로 들면 서로 대립하는 자본가와 노동자가 사회의 주축을 이루고 있습니다. 자본가가 있으면 노동자가 있고, 양극이 있으면 음극이 있습니다. 빛이 있으면 그림자가 있고, 선이 있으면 악이 있습니다. 악이 없다면 선의 개념은 존재할 수 없습니다. 그런데 대립물 자체는 고정되어 있는 것이 아니라 상호 영향을 미치면서 변화하는 것입니다. 그리고 위치가 뒤바뀔 수도 있습니다. 즉 때로 지배자가 피지배자가 될 수 있고 피지배자가 지배자가 될 수 있는 것입니다.

이런 것이 자연과 사회의 공통적인 발전 법칙입니다. 인간의 의식도 마찬가지고 노동운동도 마찬가지입니다. 노동운동도 독자적으로 발전하는 것이 아니라 복잡한 사회관계와 연관을 맺으면서 변화하고 발전하는 것입니다. 자본가와 노동자는 서로 대립하면서도 동시에 하나의 통일을 이루는 관계인데, 경우에 따라서는 서로의 힘이 역전될 때도 있습니다. 어떤 시기에는 변화가 더디고 운동이 침체될 수도 있지만, 일정한 시점이 되면 질적으로 변하고 발전하게 마련입니다.

**변혁적인
관점**

그런데 지배세력과 기득권 층은 이런 변화를 좋아하지 않습니다. 박정희 시대 때 부자들 중에는 큰 시위가 나면 식량과 의류를 준비하고 외화를 모으는 사람이 많이 있었습니다. 사회가 뒤집힐 때 자기들만 도망가기 위해서입니다. 재벌과 정치권력 그리고 언론으로 대표되는 한국의 기득권 층은 작은 개혁조차도 싫어합니다.

그런데 노동자의 처지에서, 민중의 처지에서 보면 어떻습니까? 집이 헐려 길바닥에 나앉게 된 사람은 세상이 바뀌기를 바랄 것입니다. 자기를 위해 주택을 지어 주는 세상이 오기를 바랄 것입니다. 손가락이 잘리는 심한 재해를 당했는데도 아무런 보상을 받지 못하게 된 사람도 세상이 바뀌기를 바랄 것입니다. 자식을 대학에 보내고 싶은데 등록금이 없어 공장으로 보내야 하는 부모도 세상이 바뀌기를 바랄 것입니다. 무료로 학교 교육을 받을 수 있는 세상이 오기를 바랄 것입니다.

지배세력과 기득권 층은 변화를 싫어하지만 지배당하는 민중들은 변화를 갈망합니다. 기존 질서의 비리와 모순 등을 근본적으로 뜯어 고쳐야 한다고 생각합니다. '5공 청문회' 때 많은 사람들이 TV를 지켜보았습니다. 비리, 모순과 부정이 파헤쳐지는 것을 보는 것만으로도 속이 시원합니다.

또한 지배세력은 가능한 한 체제를 옹호하고 미화하려 합니다. 그래서 이들은 언론과 교육을 절대로 놓치려 하지 않습니다. 이 두 개가 빠지게 되면 권력을 가진 자들은 총과 칼만을 가진 폭력 집단이라는 사실이 그대로 드러나기 때문입니다. 이것을 두려워하기 때문에 그들은 언론과 교육을 장악하려 합니다. 우리나라의 언론이 벌이는 추태를 보십시오. 지금은 어쩔 수 없이 합법화를 인정할 수밖에 없었지만, 예전에 전교조를 절대로 인정하지 않으려 했던 것도 이 때문입니다. 아무튼 간부들은 현실을 움직이는 것으로 보되 변혁적인 관점에서 보아야 합니다.

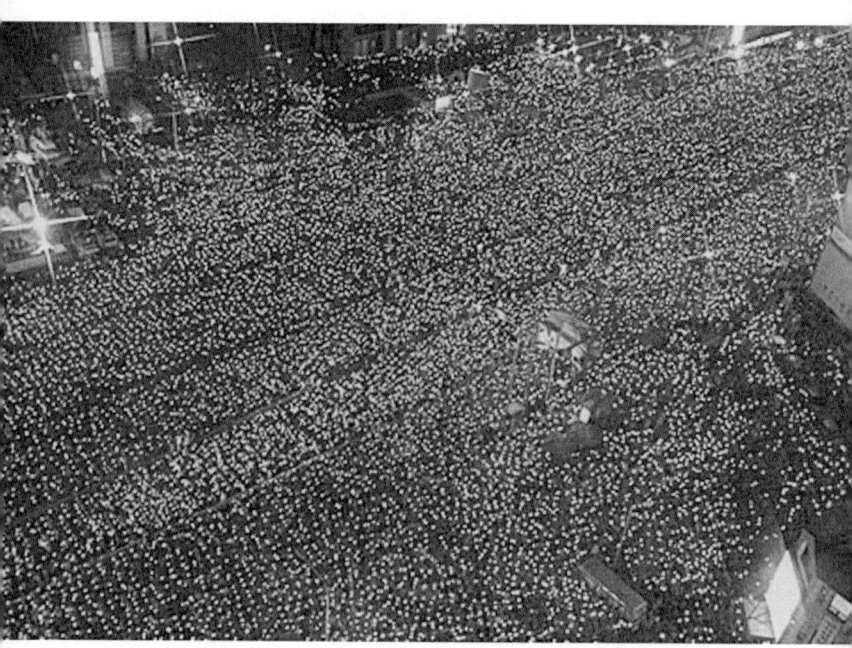

2004년, 노무현 대통령 탄핵 반대 촛불 집회. 〈민주노동당〉

4. 창의적으로 생각하고 행동하자

노동조합 간부는 창의적으로 사고하고 활동해야 합니다. 작년 임투와 올해 임투는 다릅니다. 사용자의 자세가 달라졌고 주변 정세가 달라졌고, 그래서 조합원의 요구가 달라졌습니다. 똑같은 투쟁은 두 번 다시 없습니다. 그러기에 창의적이어야 합니다.

그렇다고 기발한 아이디어에 의존해야 한다는 것은 아닙니다. 우리 노동조합의 경험, 다른 노동조합의 경험, 또는 다른 나라 노동조합의 경험에서 노동운동의 원칙을 끌어내야 합니다. 노동운동에도 원칙이 있습니다. 이러한 노동운동의 원칙은 무수한 투쟁의 경험을 통해서 다다른 공통의 결론이고 교훈입니다. 노동운동은 이러한 원칙에 입각하여 전개되어야 합니다.

그리고 간부의 머리 속에서 창의성을 짜낼 것이 아니라 대중 토의를 통해서 창의성을 높여 내야 합니다. 아무리 뛰어난 지도자라 할지라도 대중 토의를 통해서 나온 창의적인 방법이나 현실적인 판단을 쫓아갈 수 없습니다. 그러자면 다른 사람들의 경험을 소중히 할 줄 알아야 합니다. 이것을 중시하지 않으면 권위주의자가 됩니다. 개인의 판단은 오류를 범할 수 있다는 것을 알아야 합니다.

그리고 낙관적인 생각을 가져야 합니다. 문제가 있으면 그것을 해결할 수 있는 길이 있게 마련입니다. 이미 문제가 있으면 해결할 가능성도 있는 것입니다. 그래서 노동조합 운동가에게는 낙관주의가 필요합니다. 바람이 부는 날이 있으면 잔잔한 날도 있습니다. 별빛조차 볼 수 없는 칠흑 같은 밤이 있는가 하면 보름달 환히 비추는 환한 밤도 있습니다. 지금은 어렵고 조합원들도 자신 없어 하더라도 상황은 언제든지 달라집니다. 세상은 변화하고 발전합니다. 이것을 명심하는 것이 필요합니다.

2004년 여성노동자대회

5. 민주적인 태도를 갖자

노조 활동을 이끄는 지도자들이 권위주의적 자세를 보이는 경우가 많이 있습니다. 민주적인 집행부가 들어선 경우에는 덜합니다만, 1987년 이전의 노동조합 간부들은 대부분 권위주의적인 사람들이었습니다. 말투부터 달랐습니다. 조합원을 '우리 애들'이라고 표현할 정도였습니다. 지금도 이런 간부들이 많습니다. 조합 사무실은 호화로웠습니다. 어떤 노동조합에서는 조합원들이 위원장을 노무담당 상무로 착각하는 경우까지 있었습니다. 위원장이 조합 사무실보다는 관리자 사무실에 더 많이 가 있고, 시간이 나더라도 현장보다는 밖으로 나돌아다니니 그렇게 생각하는 것도 당연했을 것입니다.

과거 연맹 위원장이면서 단위 조합 위원장이었던 사람

이 있었는데, 이 사람은 월급에서부터 모든 것을 상무이사 급으로 대우받았습니다. 회사에서 차도 대주고 운전사도 대주었습니다. 이런 정도였으니 조합원들이 위원장을 어떻게 보았겠습니까?

지금 민주노조라 불리는 노동조합의 간부 중에서도 일상 생활이 민주적이지 못한 사람들을 가끔 보게 됩니다. 특히 부인들에게 하는 것을 보면 전혀 민주적이지 않습니다. 권위주의라는 것은 어떻게 보면 계급사회가 만들어 놓은 것입니다. 힘이 센 사람이 큰소리치고 특권을 누리는 사회이다 보니, 자연히 지배계급의 위치에서는 권위주의를 좋아합니다.

그러나 노동조합은 권위주의를 가지고 유지될 수 있는 조직이 아닙니다. 노동조합은 대중조직이기 때문에 자발적인 참여가 없으면 힘이 만들어질 수 없는 조직입니다. 물론 지도자가 권위가 있어야 하지만 스스로 권위를 부린다고 권위가 생기는 것이 아닙니다. 대중조직의 지도자는 조합원 대중이 권위를 부여해 줄 때 권위가 생기는 것입니다. 그래서 노동조합의 지도자는 민주적인 자세를 가져야 하는 것입니다.

보건의료노조 합동 대의원 대회. 〈보건의료노조〉

6. 비판을 두려워하지 말자

　민주주의는 비판을 보장하고 허용하는 것을 뜻합니다. 비판을 두려워해서는 안 됩니다. 조합원들의 비판에 대해 변명만을 늘어놓거나 반발하는 간부가 있는데, 이런 사람은 지도자가 될 자질이 없습니다.

　노보의 첫 면 맨 위를 위원장 사진이 차지하는 경우가 많습니다. 어떤 이는 위원장의 사진을 꼭 넣어야 한다고 생각합니다. 이런 노동조합의 조합원은 노보의 위원장 사진을 보면서, 전두환 정권 시절에 우리가 9시 뉴스를 보면서 느꼈던 것과 똑같은 느낌을 가질 것입니다.

　그런데 요즘 노조간부의 병폐 가운데 하나가 '서로 대강 봐주기'입니다. 그렇지만 서로에 대한 비판이 없으면 조직은 발전할 수 없습니다. 남이 자기에게 이야기 해 주지 않으면 자기도 모르는 사이에 범하는 잘못을 고칠 방법이 없습니다. 애정 있는 비판이 필요합니다. 비판이야말로 권위주의를 없애는 가장 훌륭한 수단 가운데 하나입니다.

물론 이러한 비판은 매개가 있어야 합니다. 뒷자리에서 어떤 사람에 대한 불평 불만을 늘어놓는 식이어서는 곤란합니다. 상집 회의, 대의원회, 현장소모임 등 공식적인 자리를 통해 사업과 활동에 대한 평가와 비판이 이루어져야 하는 것입니다.

7. 노동 대중에게 헌신하는 자세를 갖자

간부는 헌신성이 있어야 합니다. 조합 간부의 헌신성이 없으면 지도 역량이 만들어지지 않습니다. 헌신성은 개인의 노력도 있겠지만 대중으로부터 배우려는 자세로부터 시작됩니다. 동료들의 어려움, 고통을 잘 알고 대중으로부터 투쟁성, 창의성을 배우는 가운데서 헌신성은 커지게 되는 것입니다.

또한 노동 대중의 상태, 요구, 의식을 직접 부닥쳐서 조사하고 경험하면서 헌신성이 높아집니다. "나보다 더 어렵고 힘든 사람도 있구나"라고 자각할 때 헌신성은 높아지게 됩니다. 같은 공장의 울타리 안에서 근무하는 사내 하청 노동자들을 같은 동료로 생각하지 못하는 경우가 많이 있습니다. 구호를 외칠 때는 '노동자는 하나다'라고 말하지만 실제로는 같은 노동자로 생각하지 않는 것입니다.

그러나 각종 집회나 투쟁하는 사업장을 방문하면서 이런 생각은 바뀌게 됩니다. 완성차 노동자들이 부품 공장에 가서 보면서 배우게 되는 경우가 많습니다. "우리는 그래도 여기에 비하면 훨씬 낫다"라는 생각을 갖게 되고, 영세 사업장, 하청·용역회사 소속 노동자들의 실태를 알게 되면서, 열심히 활동하는 출발점으로 삼게 되는 경우도 많습니다.

그리고 비판을 두려워해서는 헌신성이 나올 수 없습니다. 비판을 올바로 받아들일 줄 알아야 합니다. 뿐만 아니라 노동 형제들에 대한 수탈, 억압, 탄압에 대해 분노할 줄 알아야 합니다. 경우에 따라서는 증오도 할 줄 알아야 합니다. 노동자들에게 해를 끼치는 사람들을 대상으로 투쟁하려는 자세를 가져야 합니다. 그렇지 않으면 헌신성이 나올 수 없습니다.

8. 노동자의 도덕성을 갖추자

노동자적인 도덕성을 갖춘다는 것은 우선 '예의바른 사람'이어야 한다는 것입니다. 언뜻 보면 이 이야기는 마치 봉건 질서를 강조하는 것처럼 들립니다. 그런데 현실을 인정하지 않으면 현실은 극복할 수 없습니다. 일반 대중이 당연하다고 여기는 문제, 그들이 좋아하는 문제를 인정하면서 개혁할 생각을 해야지 이것을 무시해서는 그들을 변화시킬 수가 없습니다. 이 사회의 도덕을 완전히 부정한다는 태도는 옳지 않습니다. 이 사회에서 요구하는 도덕을 전적으로 인정할 필요는 없다 하더라도, 인정해야만 하는 문제를 인정하지 않는다면 대중은 떨어져 나갈 것입니다.

반면에 대중의 전근대성과 봉건성은 활동과 실천을 통

해 바꾸어 나가야 합니다. 예를 들면 교육장에 가서도 밤새도록 술 마시고 화투를 치는 사람들이 있습니다. 어떤 사람은 자기 부인에게는 독재자로 군림합니다. 나쁜 습관과 행동은 모두의 활동과 투쟁을 통해 극복해 나가려는 관점이 필요합니다.

도덕도 여러가지 관점에서 바라볼 수 있습니다. 지배세력이 바라는 도덕이 있습니다. 우리가 학교에서 배운 충효는 뭡니까? 지배세력에게 도전하지 말라는 것입니다. 우리가 배운 '삼강오륜'이라는 것은 기존의 질서와 윤리를 존중해야 한다는 것입니다. 이런 것은 현 체제를 유지하기 위해 필요한 도덕입니다.

우리 노동자들이 강조하는 도덕은 무엇입니까? 동료애입니다. 동료애에 바탕을 둔 단결은 튼튼합니다. 불의에 대한 항거, 사실에 근거한 비판 정신, 실천하고 행동하는 것 등이 노동자들에게 필요한 도덕입니다. 노동자들이 필요로 하는 이런 도덕은 이 사회가 요구하는 형식적인 도덕과는 엄청난 차이가 있습니다. 노동조합 간부들에게는 이런 도덕이 기본적으로 필요한 것입니다.

마지막으로 노동자의 품성에 대해 이야기하고자 합니다. 노동자는 우선 소박합니다. 작업복이 편하고 포장마

차가 어울리는 그런 소박함입니다. 그리고 솔직합니다. 그리고 비굴하지 않지만 겸손합니다. 또한 성실하고 용감합니다. 이것은 노동자들이 개발하고 다듬어야 할 품성입니다. 간부들이 가져야 할 품성은 멀리서 찾을 것이 아닙니다. 노동자들이 갖고 있는 좋은 품성들을 더 가다듬기 위해서 노력해야 하는 것입니다.

함께 생각해 봅시다

▶ 마지막 학습 시간입니다. 나의 생각을 먼저 솔직하게 얘기해 본 후에 우리의 의견을 통일시켜 봅시다. 보다 효과적인 토론을 위해 생각을 수치로 표현해 보면서 왜 그렇게 생각하는지 이유도 정리해 봅니다.

1) 나의 생각 [ ] 점
〈노동운동을 통해 우리는 행복한 세상을 만들 수 있다.〉
정말 그렇다 [10점]   약간 그렇다 [8점]
그저 그렇다 [5점]   별로 그렇지 않다 [3점]
전혀 아니다 [1점]
이유 :

1. _____
2. _____

2) 우리의 생각 [ ] 점
〈노동운동을 통해 우리는 행복한 세상을 만들 수 있다.〉
정말 그렇다 [10점]   약간 그렇다 [8점]
그저 그렇다 [5점]   별로 그렇지 않다 [3점]
전혀 아니다 [1점]
이유 :

1. _____
2. _____

▶ 이번 간부활동론 학습을 통해 우리가 활동하면서 지켜야 할 간부 활동 실천 지침을 10계명으로 만들어 봅시다.

1) 먼저 나의 실천 활동 5계명을 만듭니다.

1. _____   4. _____

2. _____   5. _____

3. _____

2) 이제 각자의 5계명을 발표하면서, 우리 모두가 함께 지켜야 할 간부 활동 10계명을 완성해 봅니다.

1. _____   6. _____

2. _____   7. _____

3. _____   8. _____

4. _____   9. _____

5. _____   10. _____

▶ 내가 함께 얘기하고 싶은 주제

_____

_____